EDUC | AÇÃO
INOV

ANDRÉIA RIBEIRO

EDUC | AÇÃO
INOV

Freitas Bastos Editora

Copyright © 2023 by Andréia Ribeiro

Todos os direitos reservados e protegidos pela Lei 9.610, de 19.2.1998. É proibida a reprodução total ou parcial, por quaisquer meios, bem como a produção de apostilas, sem autorização prévia, por escrito, da Editora. Direitos exclusivos da edição e distribuição em língua portuguesa: **Maria Augusta Delgado Livraria, Distribuidora e Editora**

Direção Editorial: Isaac D. Abulafia
Gerência Editorial: Marisol Soto
Diagramação e Capa: Madalena Araújo

Dados Internacionais de Catalogação na Publicação (CIP) de acordo com ISBD

R484e	Ribeiro, Andréia
	Educação e Inovação / Andréia Ribeiro. - Rio de Janeiro, RJ : Freitas Bastos, 2023.
	96 p. : 15,5cm x 23cm.
	ISBN: 978-65-5675-270-9
	1. Educação. 2. Inovação. I. Título.
2023-440	CDD 370
	CDU 37

Elaborado por Vagner Rodolfo da Silva - CRB-8/9410

Índice para catálogo sistemático:
1. Educação 370
2. Educação 37

Freitas Bastos Editora
atendimento@freitasbastos.com
www.freitasbastos.com

Essas páginas carregam mais do que os meus anos de experiência profissional, as formações realizadas e os conhecimentos construídos. Elas trazem uma sincera dedicação a quem me deu a oportunidade de estar aqui hoje, minha mãe, Maria de Lourdes.

Te amo.

AGRADECIMENTO

Escrever esse livro foi um processo solitário, em que foi preciso não apenas escrever, mas também ser crítica comigo. Para que isso acontecesse, eu contei com o trabalho do Rafael Rezende, o revisor deste livro, que leu todos os esboços, fez comentários e fez o papel de criticar e questionar cada linha que parecia solta.

A cada dia que me sentei em frente ao computador para escrever, foi porque alguém acreditou que era possível. Mas, mais do que isso, foi porque esse projeto, que começou sozinho, se transformou em um projeto a várias mãos, recebendo a assistência de outros profissionais que contribuíram para o resultado deste trabalho.

Agradeço à editora Freitas Bastos e sua equipe, pelo convite a fazer algo que eu sequer imaginava que seria possível.

Por último, mas não menos importante, agradeço à minha família apenas por ser quem é. Por estar presente e acreditar que era possível.

PREFÁCIO

Achei que fosse mais fácil, fazer um prefácio!
Ainda mais, quando se olha pra trás, e se vê uma ex-pupila
Que conheci num mestrado
Pedir a este ex-professor

Mesmo tendo aqui, sentido um pouco de dor
– tamanho fora o labor! –
"Que sobre Inovação na educação falasse
Que mexesse em seus alfarrábios e um bom conceito encontrasse"!
Tive então que pedir
E sem hesitação, que uma amostra de seu papiro mandasse!

Li então uma parte do livro
E, de supetão, me veio a inspiração:
Inovação, essa menina, pelo que você escreveu –
E com muita precisão –
Nada mais é do que uma mistura de criatividade e disponibilização!
Acertei?

E aprendi mais, viu?
Pelas letras que aqui botaste
Pode, ainda, Inovação
Ser apelidada de **Eduque-Com-Ação!**
Gostou?

Pois não tem a ver só com tecnologia
"buniteza", velocidade
etc. etc. e tal
Mas com entrega e postura
Que é seu principal!

Aprendi ainda com Andréia
Que "um insight é o recheio de uma bela ideia"
Que por sua vez essas coisas – embora invisíveis –
Recheiam protótipos e se tornam tangíveis
Deixando até de serem impossíveis...

E se ainda "der reggae", quem sabe
E alguém perceber (antes de perecer)
Estes últimos podem, crescer o quilate
E de supetão virar Inovação
E tocarem viventes de montão!
E o lamento com pontinha de inveja:

Quisera eu que um dia
Inovação rimasse com "Brandão"
Assim como "Andréia"
Que neste livro todo
Rima com Ideia!

É sonho de todo professor
Que os pupilos um dia
– Numa "ruma de grafia" –
Ultrapassem o doutor!
Para Andréia
Esse dia chegou!

– Gláucio Bezerra Brandão
De novo um pupilo!
Setembro de 2022

SOBRE A AUTORA

Andréia Ribeiro é mestre em ciência, inovação e tecnologia pela Universidade Federal do Rio Grande do Norte (UFRN), pedagoga pela Pontifícia Universidade Católica do Rio (PUC Rio) e com especialização em Gestão de Recursos Humanos e Implementação e Gestão de Educação à Distância pela Universidade Federal Fluminense (UFF).

Meu encontro com a educação aconteceu nas salas das escolas públicas cedidas para aulas comunitárias a pessoas que sonhavam em um dia entrar na universidade. Mas foi dentro da universidade, durante a graduação, que comecei a direcionar meus interesses para a tecnologia e para o ensino à distância. Desde essa época, percebi que não poderia ficar "presa" às aulas de pedagogia, e que ser multidisciplinar era um processo de construção importante. Já se foram 20 anos desde a faculdade, e continuo buscando a multidisciplinaridade como diferencial.

Além de palestrante, consultora de educação corporativa, gestora de projetos, idealizadora e apresentadora da *livecast* #nosbastidores do Design Instrucional, em parceria com a grande colega Lane Primo, fui professora da pós-graduação na FAERPI, ministrando a disciplina de Tecnologias Educacionais, e na Faculdade Descomplica, lecionando Funcionalidades de um LMS, sempre em atuação no campo do design instrucional, das tecnologias, do ensino online e da educação corporativa.

APRESENTAÇÃO

Não sei precisar em que momento o termo *inovação* ganhou importância no meu cotidiano. Meu interesse por ele foi chegando aos poucos e, quando percebi, estava em uma sala de aula do mestrado, em 2015, estudando sobre o tema. Por outro lado, lembro claramente de perceber as pessoas não compreendendo o que era inovação e como ela poderia ser usada.

A ideia de inovação ligada ao famoso "eureca" traz a ideia de que esse é um processo que ocorre ao acaso ou que é exclusivo de algumas áreas, como a ciência e as artes. Entretanto, a inovação é um termo que surgiu inicialmente dentro de um contexto industrial, ligado à invenção técnica. Foi em 1939, com o economista austríaco Joseph Schumpeter, que o tema inovação foi amplamente discutido e o seu conceito, ampliado para o que conhecemos hoje: criação de um novo produto ou uma nova combinação de algo existente.

Por volta de 2010/15, o termo *Internet of Things – IoT*, ou seja, Internet das Coisas, começou a popularizar-se. De uma forma simples, o *IoT* pode ser entendido como objetos físicos capazes de trocar dados e gerar informações utilizando uma conexão sem fio e sem a intervenção humana. Um exemplo? Provavelmente, o relógio inteligente que você usa no seu pulso e que é conectado ao seu celular, o chamado *smartwatch*. Ele conta as suas passadas, gera dados dos seus exercícios e transforma tudo isso em gráficos e informações no relógio e no celular.

O *IoT* fez com que a inovação entrasse novamente em debate, mesmo que ainda estivesse como plano de fundo dessas tecnologias. Neste mesmo período, em 2014, surge o jogo *Pokémon Go,* que trouxe a tecnologia da realidade aumentada para as rodas de conversa, sendo uma grande invenção emergente. Ainda assim, falar de inovação e criatividade não é um assunto presente nas salas de aula de pedagogia.

Acredito que somente após os anos de 2020 e 2021, período mais agudo da pandemia da COVID-19, que as discussões sobre inovação se tornaram tão acentuadas. Isso porque ela ganhou uma posição de importância dentro deste novo contexto; a sociedade demandava respostas para situações complexas de pouca ou nenhuma certeza. As instituições e empresas perceberam que algo havia mudado e a exigência por soluções que atendessem de verdade às suas dores se tornou mais presente.

Mas será que esse é um assunto de que todos se apropriaram? Na prática, isso estava realmente claro para todos? Essas foram as questões que nortearam a estruturação do conteúdo deste livro.

No entanto, antes de começar a escrever e planejar o que eu queria compartilhar, resolvi perguntar para as pessoas o que elas queriam saber e o que não estavam interessadas em saber, sobre a temática educação e inovação. Utilizei as minhas redes sociais para isso e o resultado foi bem interessante.

Quando perguntei qual pensamento que surgia na mente ao ler "inovação na educação", muitos responderam: algo novo e criatividade, mas surgiu uma resposta que me chamou a atenção: "inovação para mim tem mais a ver com estratégia do que com recursos". Esse foi o **primeiro *insight*:**

percebi que o senso comum identificava a palavra inovação como algo "novo", mas, por outro lado, a prática parecia mostrar que havia uma certa confusão ao significar inovação como um recurso. Por isso, uma das frases de que eu mais gosto deste livro é "inovação não é tecnologia", e você vai entender por quê.

Outra questão abordada foi perguntar se, quando alguém diz que usou de inovação para um projeto educacional, era fácil identificar os resultados ou se estes pareciam algo abstrato. A maioria respondeu que sim: os resultados eram abstratos, pois tudo parecia sempre igual. Outra resposta comum foi: "não entendo como a ideia se aplica na prática e o que tem de diferente." Esse foi o meu **segundo *insight***, pois percebi que além de trazer, de forma bem detalhada, os conceitos que permeiam a inovação, também era preciso que eu me debruçasse em explicar qual é (quais são) o(s) produto(s) final(is) que um processo inovativo pode(m) gerar.

Outro ponto essencial neste livro é entender que não existe inovação sem ferramentas, e esse foi o **terceiro *insight*** da pesquisa. Pois, ao perguntar o que eles sempre quiseram saber sobre inovação, tivemos um empate entre "quais as metodologias que podem ser usadas" e "como trazer para a equipe/empresa a ideia de inovar"; por este motivo, temos dois capítulos dedicados a apresentar algumas técnicas e metodologias conhecidas e amplamente utilizadas por instituições, empresas e laboratórios de inovação. Além disso, temos algumas páginas dedicadas a falar sobre a importância da cultura e das habilidades socioemocionais, dentro deste processo de "como trazer para a equipe".

Por fim, ao serem perguntados se saberiam responder por que a inovação é importante na educação, a grande maioria respondeu que sim. Seguido por "não sei, mas quero saber", e esse foi o meu **quarto e último** *insight,* que, na verdade, só corroborou a importância do tema, que eu, como pedagoga, já percebia. Por isso, escrever esse livro é desenvolver uma ferramenta para você que quer saber sobre inovação de forma prática e real, mas dentro de um contexto educacional.

SUMÁRIO

CAPÍTULO I
O QUE É INOVAÇÃO? 19
1.1 Desvendando a ideia de inovar 20
1.2 Tipos de Inovação 24
1.3 Como as pessoas enxergam a Inovação? 27
1.4 A importância da Cultura e das Habilidades
Empreendedoras 29

CAPÍTULO II
INOVAR NA EDUCAÇÃO 33
2.1 Entendendo a Inovação na Educação 34
2.2 Inovação na Prática 41
2.3 Um novo caminho: o "eu" criativo 45

CAPÍTULO III
INOVAÇÃO É MÉTODO 53
3.1 Abordagem Cognitiva Convergente e Divergente 54
3.2 Metodologia TRIZ 60
3.3 Design Thinking 64
3.4 SCAMPER 69
3.5 Como escolher qual metodologia usar? 71

CAPÍTULO IV
E NA PRÁTICA, COMO FUNCIONA? 75
História I - Por que não? 76
História II - Conexões, *Insights* e Ideias 79
História III - [re]Criar 85

CAPÍTULO V
E AGORA? 89

5.1   Teoria + Prática = Aprendizagem 90

REFERÊNCIAS BIBLIOGRÁFICAS.................................. 95

CAPÍTULO I

O QUE É INOVAÇÃO?

Quando pensei no título deste capítulo, foi porque muito se fala de inovação, mas, no fundo, sempre fico com a impressão de que é algo abstrato, longe da realidade – um conceito que abrange apenas grandes empresas tecnológicas, como a Tesla, ou grandes nomes, como Bill Gates. Por isso, quero tentar trazer um pouco aqui, logo neste início, essa conversa para desmistificar essa ideia. Veremos, ao longo deste livro, que trabalhar inovação não é algo inalcançável ou um "produto" exclusivo das grandes empresas. Para isso, é importante entender a inovação no Brasil, como a cultura e a diversidade influenciam este processo de inovar; mais do que isso, iremos ver de que forma a inovação acontece e como ela ocorre dentro do cenário educacional.

Por fim, vamos falar, a partir de um estudo de caso, sobre algumas técnicas de inovação que podem ser aplicadas na prática em projetos pequenos, para compreender como um professor, um designer educacional, um facilitador ou outro profissional da educação podem fazer uso da inovação em seu trabalho.

Estava andando na rua e o meu telefone toca, olho e é o meu marido me ligando. Assim que atendo, a primeira coisa que ele fala é: "o que faz um gestor de inovação?". Depois de uma rápida contextualização, entendi que havia uma vaga em aberto na empresa dele para esse cargo, mas a explicação das funções era confusa.

E é exatamente sobre isso o que quero falar: sobre essa nuvem que ainda ronda o termo inovação, trazendo cada vez mais dificuldades de interpretação sobre o tema.

1.1 DESVENDANDO A IDEIA DE INOVAR

Vamos começar então trazendo a parte científica, já descrita e consolidada sobre o que é inovação:

I: Definição de Inovação

O quadro I traz uma palavra essencial para o entendimento do que é inovação, e não estou falando da palavra "novo", mas sim de "ação" ou "efeito". Isso porque inovar está ligado exatamente ao processo de fazer algo. Por exemplo, você está cansado de chegar ao seu armário para pegar uma meia e descobrir que o par dela desapareceu, então um dia você tem uma ideia que pode resolver esse problema (não só o seu, mas o de milhares de pessoas) e ainda pode lhe render muito dinheiro.

O processo de ter uma ideia nova, por mais promissora que ela seja, não é uma inovação, pois se trata apenas de uma ideia e não de uma ação real. Vamos avançar e nos aprofundar neste conceito, utilizando a história do Uber como exemplo.

Uber

O ano era 2009 e dois homens, Travis e Garret, estavam em Paris, onde haviam acabado de participar de um evento de empreendedorismo, então devo dizer que, muito provavelmente, eles já deveriam estar com a mente agitada de tantos estímulos. Pois bem, o evento havia acabado e os dois estavam com dificuldades para encontrar um táxi, sendo que era uma noite fria e nevava, então, imagina o estresse em ter que ficar do lado de fora do evento, tentando encontrar um táxi pela rua.

Não seria muito mais simples estar sentado num local quente, pegar o telefone, pedir um motorista e aguardar tranquilamente a sua chegada, sem passar frio na rua? Imagino que eles tenham pensado isso enquanto se tremiam de frio, procurando um táxi.

Pois bem, foi neste momento que Travis Kalanick e Garret Camp pensaram em um serviço, por meio do qual os carros poderiam ser solicitados via *smartphone*. Foi então que, em julho de 2010, o aplicativo Uber foi lançado oficialmente, fazendo uso apenas de carros luxuosos, mas foi com os carros populares que a empresa deslanchou de verdade. Agora, vamos entender cada passo desta história:

Em primeiro lugar, é importante compreender neste exemplo que, para a inovação existir, é preciso que haja um problema, sem isto não há motivo para inovar. Bom, tendo isso em mente, podemos entender, nessa história do Uber, que a **necessidade** deles surgiu

O *insight* mais famoso da história foi de Arquimedes, quando gritou "Eureka", ao descobrir, como calcular o peso da coroa do rei Hieron II, a fim de saber se era feito de ouro maciço ou não.

quando estavam na rua, no frio da noite, procurando por um táxi. Esse era o desconforto deles!

A partir deste cenário, surgiu o ***insight***: pedir um carro pelo próprio *smartphone* sentadinho lá dentro do hotel, de forma aconchegante. Com o *insight* em mente, surge a **ideia**: criar um aplicativo para que o próprio usuário possa fazer pedido de carro. Por fim, a ideia virou uma **inovação** em 2010, quando lançaram o app Uber, que, estando em vigor, facilita a vida de várias pessoas, evitando que elas revivam o problema de Travis e Garret.

> É o momento em que se é possível enxergar uma possibilidade real dentro de uma situação, que antes simplesmente era incompreensível.

> É uma solução gerada para atender o insight, ou seja, nasce a partir desse.

Chegamos à nossa questão inicial: o que é inovação? Bom, vimos que a inovação depende de uma necessidade ou um problema para existir. E é uma ação que ocorre após uma ideia, que pode ser algo completamente novo ou apenas uma mudança no que já existe. Por fim, pode-se dizer que inovar é fazer algo novo, seja um produto, serviço ou processo, que atenda a uma necessidade.

Vamos aproveitar esse momento para explorar um outro conceito que nos é muito importante: a criatividade, que é considerada o primeiro passo para a inovação, sendo uma fase que ocorre dentro da mente e que pode ou não ser canalizada para a ação.

Vejamos a seguir diferença entre *insight*, criatividade (ideia) e inovação:

II: Definição de *insight*, ideia e inovação.

Já compreendemos esses três conceitos, insight, ideia e inovação, agora vamos falar sobre os tipos de inovação que são possíveis de acontecer.

1.2 TIPOS DE INOVAÇÃO

A Inovação pode ser de dois tipos: incremental e disruptiva. Estas apresentam como principal diferença o impacto gerado pela aplicação da ideia. Isto é, quando se trata de uma inovação que não vai alterar o curso da vida, ou realizar grandes mudanças no mercado, ou na sua maneira de se relacionar com o comércio, então estamos falando de uma inovação incremental, que, por definição, trazem melhorias e atualizações que agregam valor.

Agora, se a ideia aplicada gerar uma transformação profunda e completa de um serviço, de forma que nos faça quebrar paradigmas, então, trata-se de uma inovação disruptiva.

Uma inovação disruptiva que é de conhecimento de todos são os treamings de vídeos, como a Nteflix, por exemplo. Porque é uma ideia que substituiu para muitos a forma de assistir TV ou contratar uma assinatura de canais.

Vamos aproveitar o exemplo do Uber, de que falamos acima, para identificar na prática essa diferença entre os tipos de inovações.

Há 15 anos, se alguém lhe dissesse que você iria chamar um carro pelo celular e fazer uma viagem de carro por 1/3 do valor de um táxi, você diria que isso era possível? Não. Mas por outro lado, eles não inventaram a ideia de ter um motorista particular, mas sim incremetaram a ideia de usar um app para acessá-lo de forma mais simples.

Entretanto, a disrupção trata de viver algo que não imaginávamos, de criar um novo mercado – no caso do Uber, os carros por aplicativo.

Ainda pensando nessa questão de mobilidade, em que todos estamos inseridos, voltemos a como era antes do *Uber*. As mudanças que ocorriam estavam ligadas a caraterísticas que poderiam trazer mais agilidade, conforto e/ou segurança, como reduzir o barulho do motor, colocar ar-condicionado nos ônibus, alterar as linhas para tornar as viagens mais rápidas etc. Enfim, estes exemplos estão ligados às inovações incrementais, pois são pequenas mudanças incorporadas a algo que já existe, com o intuito de melhorar algo para o consumidor final, mas sem fazer grandes alterações.

O *Índice Global de Inovação (IGI)* é uma medição global que serve para verificar o desempenho de uma nação em relação aos seus esforços no processo de inovação. Este é um documento elaborado por três grandes instituições: *Johnson Cornell University* (JGSM), *Business School for the World* (INSEAD) e *World Intelectual* (WIPO).

III. Meme disponível em: https://m.facebook.com/souotariano/photos/quero-ver-esse-povo-aqui-de-casa-reclamar-que-a-%C3%A1gua-t%C3%A1-fria-pra-lavar-lou%C3%A7a-ago/4453513914894008/

O brasileiro é um povo extremamente criativo e o mercado de memes que surgiu há poucos anos não nos deixa mentir. Mas o que talvez todos não saibam é que somos realmente criativos, mas nas mais diferentes áreas.

O Brasil é um dos países avaliados pelo IGI e a nossa posição, entre os 141 países, no ano de 2021, foi a 57º posição. Além disto, entre os países da América Latina, estamos entre os dois que mais produzem artigos científicos e somos os únicos a registrar o maior número em inovações incrementais. Mas por que falar destes dados? Bom, o Brasil é um país com uma riqueza de diversidades, seja em relação à cultura, linguagem, comidas, roupas e muito mais. E, muito provavelmente, essa diversidade é responsável pelo título de que o brasileiro é o povo mais criativo que existe.

Outro fator que impulsiona as inovações incrementais, que acontecem em maior número, é a diversidade que dá a oportunidade de olhar para um mesmo objeto a partir de diferentes perspectivas que criam pontos de conexão extraordinários. Segundo Bono (1970), a capacidade criativa está intrinsicamente ligada à capacidade de divergência, ou seja, à possibilidade de expandir a comunicação lateralmente, diante de novos olhares. Isso significa que, quanto mais se tem pensamentos diferentes sobre um mesmo ponto, maior será a possibilidade de encontrar soluções diferentes para um problema.

Não à toa, a diversidade hoje é enxergada como um valor agregado, um ativo, para a inovação, afinal, a conexão com diferentes formas de pensar é um catalizador de *insights*.

1.3 COMO AS PESSOAS ENXERGAM A INOVAÇÃO?

É preciso ter clareza sobre algumas informações que podem deturpar a compreensão sobre o que é inovação, e uma delas é confundir tecnologia e inovação, entendendo-as como sinônimos. Essa má interpretação está associada à forma como as pessoas enxergam o conceito de inovar, como sendo uma solução tecnológica, e isso é compreensível. Até porque muitas das inovações mais aclamadas nas mídias estão ligadas a algum requisito tecnológico, por exemplo, a criação de um aplicativo, o desenvolvimento de uma realidade aumentada, o aperfeiçoamento da Inteligência das Coisas etc. (AIoT)

O próprio Uber faz uso de um elemento tecnológico: um *app* com os recursos necessários para GPS, envio de mensagens, solicitação de carro etc. No entanto, a inovação está ligada, neste caso, às mudanças que ocorreram no mercado, por um serviço que se mostrou mais adaptado às novas demandas da sociedade.

Em uma rápida pesquisa realizada em algumas das principais redes sociais, fizemos a seguinte pergunta: "como você enxerga a inovação?". A resposta deveria ser dada em apenas uma palavra. Veja o resultado a seguir:

IV: Resultado da pesquisa sobre a perspectiva das pessoas frente à inovação

Essa nuvem de palavras tem contribuições incríveis, mas uma em particular chama a atenção: preguiça. Como é interessante poder conversar com pessoas de áreas, perfil e ideias diferentes, pois isso nos ajuda a não ficar preso no "nosso mundo", onde a Inovação é vista como algo sempre positivo. A palavra "preguiça" nos faz pensar que sim, tantas mudanças podem sim causar uma preguiça no "usuário" em ter que se reinventar e readaptar.

Por isso, é importante que a gente tenha o seguinte alinhamento: Inovação é sobre pessoas. Não é sobre tecnologia, recursos ou metodologias. Esses elementos têm grande valor no processo, mas são utilizados para potencializar ou dar suporte para que o elo principal funcione: sua relação com as pessoas.

1.4 A IMPORTÂNCIA DA CULTURA E DAS HABILIDADES EMPREENDEDORAS

A cultura é um elemento que está presente em nosso dia a dia, seja em nossa vida social, com familiares e amigos, mas também dentro dos ambientes de trabalho. Seja em uma pequena escola de bairro ou em uma grande multinacional, todos eles possuem uma cultura. Isso porque este conceito está relacionado à presença de pessoas, não de um indivíduo, mas sim de um conjunto de pessoas.

Para falar de cultura, é importante que se parta de um contexto, a partir do qual possamos alinhar o nosso entendimento sobre cultura. Este é um assunto que já foi abordado por muitos autores, que já conceituaram este tema de diversas formas e sob diversos enfoques. Por isso, neste momento, iremos adotar a definição de dicionário:

> ... O conjunto de características humanas que não são inatas, e que se criam e se preservam ou aprimoram através da comunicação e cooperação entre indivíduos em sociedade. Como ações sociais seguem um padrão determinado no espaço. Compreendem as crenças, valores, instituições, regras morais que permeiam e identificam uma sociedade. Explicam e dá sentido à cosmologia social. É a identidade própria de um grupo humano em um território e num determinado período...
> ([HOLLANDA, Aurélio Buarque de, 2010)

A cultura tem o papel de trazer identidade e sentimento de pertencimento para as pessoas que estão em determinado local, criando, neste ambiente coletivo, hábitos, comportamentos, crenças, valores e processos técnicos.

Talvez você esteja se perguntando o que isso tem a ver com Inovação. Se essa é uma dúvida que está pairando sobre sua cabeça, vamos entender melhor essa relação.

A cultura deve ser entendida como elo importante dentro do processo de inovação, pois não há como uma instituição mudar seus hábitos, valores etc., sem que a cultura comunique essa informação para o grupo.

Criar uma cultura de inovação não é algo que surge de repente dentro de uma instituição, e nem mesmo se trata de uma nova atmosfera que substitui a antiga. Na verdade, o que acontece é um processo de amadurecimento, em que, conforme a empresa amadurece, por meio de definição de **novos** objetivos, a adoção de **novas** práticas e o desenvolvimento de **novas** competências das lideranças e dos liderados, a cultura vai se transformando junto e comunicando, diariamente, essa mudança para todos.

Perceba que, desta forma, a mudança da cultura impulsiona naturalmente novos hábitos ao grupo, neste caso, por meio do processo de inovação, que se torna uma característica parte da própria condição de existir da instituição.

Em complemento a uma cultura de inovação forte e bem-estabelecida, é preciso focar no desenvolvimento de habilidades empreendedoras. Mas o que seria isso? De acordo com a Troposlab Aceleradora (2022), estas podem ser entendidas como:

> "... podemos definir as habilidades empreendedoras, portanto, enquanto comportamentos que cumprem a função de **aumentar as chances de realizar algo de maneira a obter sucesso**, sendo fundamentais para empreender eficientemente" (TROPOSLAB ACELERADORA, 2022).

O trecho "... aumentar as chances de realizar algo de maneira a obter sucesso..." consegue explicar por que desenvolver habilidades empreendedoras é essencial para uma instituição que se coloca na posição de inovadora. Isso porque se novos desafios estão por vir, devido a essa mudança de cultura e de posicionamento, então é preciso ter pessoas com habilidades que as permitam lidar com esses desafios da melhor forma a fim de alcançar o sucesso esperado.

Além disso, no caso de implementação de ideias disruptivas não é possível ter a garantia de retorno, ou, se vão sequer funcionar.

Por isso, a melhor forma de se preparar para quebrar essas possíveis barreiras é ter pessoas dedicadas a desenvolver habilidades empreendedoras.

Durante um estudo realizado pela Troposlab sobre personalidade empreendedora e análise do comportamento, eles identificaram que uma atitude pode mudar ao longo do tempo e que algumas características podem surgir a partir de um determinado hábito. Além disso, o contexto, o ambiente e os desafios são elementos que podem ensinar um novo comportamento, isto é, ele pode ser aprendido ou desenvolvido.

Por isso, podemos dizer que as habilidades não são inatas, elas podem ser aprendidas e aprimoradas ao longo do tempo. É importante deixar alinhado que isso se aplica a pessoas/profissionais de qualquer área, incluindo instituições educacionais, como escolas, universidades, ONGs etc. Falar de habilidades empreendedoras não significa falar de habilidades corporativas, ok?

Diante do que vimos até aqui, já podemos afirmar que, para ter inovação, é preciso ter pessoas, pois nada acontece sem elas.

Mudar uma cultura, estruturar novos processos, sem atender as necessidades dos envolvidos é a fórmula para o fracasso.

CAPÍTULO 02
INOVAR NA EDUCAÇÃO

Neste capítulo, iremos compreender como funciona a inovação dentro do espaço educacional. Esse processo pode ocorrer em qualquer área da educação, sejam escolas, ONGs, Instituições acadêmicas etc., mas, para este livro, iremos abordar essencialmente o uso da inovação dentro das empresas, isto é, em função da educação corporativa.

Iremos pesquisar e entender quais são os impactos da inovação no campo educacional, como ocorre e por que isso acontece, ou seja, quais são as necessidades reais que demandam ideias inovadoras.

Além disso, vamos conhecer quais são essas possibilidades inovadoras que surgem e surgiram para a educação e quais os elementos essenciais para ser inovador. Por este motivo, a partir deste capítulo, iremos nos focar em compartilhar exemplos exclusivamente da área da educação, pois irá nos ajudar não só a entender a ideia a ser passada, mas também a perceber como tudo isso já vem acontecendo do nosso lado.

2.1 ENTENDENDO A INOVAÇÃO NA EDUCAÇÃO

Até aqui, já falamos sobre o que é inovação, quais os tipos, como ocorre e, até mesmo, o que não é. Acredito que, agora, cabe falarmos um pouco sobre o que é inovação na Educação, ou melhor, o que torna uma educação inovadora.

Primeiramente, apresento a definição dada pela Organização para Cooperação e o Desenvolvimento Econômico, OCDE, que tem realizado pesquisas em todo o mundo sobre essa temática, que é: *"Inovação está relacionada à adoção de novos serviços, tecnologias, processos e competências por instituições de ensino que levem à melhora da aprendizagem, equidade e eficiência."*.

Essa definição abrange muito bem o que falamos, mas cabe ressaltar que apesar da tecnologia estar presente em inúmeras inovações, não é correro dizer que inovar é fazer uso de tecnologias. E, ainda bem que não é, pois isso poderia sentenciar instituições pequenas que possuem baixo poder de investimento econômico, deixando-as à margem da inovação educacional. Enfim, o que se deve ter em mente é que os recursos de uma instituição não devem ditar o tamanho da vontade de inovar.

A educação inovadora se apresenta com o objetivo de atender as necessidades e mudanças que a sociedade vem sofrendo, assim como em qualquer outra área, afinal, é uma demanda deste novo contexto social. Falaremos com detalhes sobre essas necessidades, da educação, mais à frente. Neste momento, uma relação deve estar clara: ao falar do tema inovação estamos falando de algo que está à serviço de alguém, com o propósito de melhorar a vida das pessoas, e no campo educacional, a lógica é a mesma.

Se a sociedade está passando por mudanças que exigem uma nova postura e comportamento, então o foco passa ser nas habilidades comportamentais, na criatividade e no perfil empreendedor e não no conteúdo. Seja no campo profissional ou não, o trabalho de educar para o desenvolvimento humano precisa acompanhar essa mudança. Por isso, o processo de ensino e aprendizado deve ser modernizado para que seja relevante ao indivíduo e à sociedade do século XXI. Mas o que seria esse "modernizar"?

Bom, você lembra que tecnologia e inovação não são sinônimos, certo? Ótimo. Logo, o modernizar, na verdade, traz um conceito de tornar as estratégias de ensino mais modernas, ou seja, novas. Por exemplo, segundo uma pesquisa realizada pela Google, quase 40% da Geração Z preferem usar TikTok e Instagram para realizar pesquisas ao invés do Google Search ou Maps.

A geração Z é formada por aqueles que nasceram entre o final da década de 90 e a primeira década do século XXI, aproximadamente.

São pessoas que cresceram tendo uma relação mais íntima com a tecnologia digital.

V: definição de geração Z

Vejam bem, há pouco tempo, dizíamos que os jovens preferiam o YouTube ao Google para pesquisar e agora existe uma nova plataforma, diferente do YouTube, mas que é adepta a essa nova geração. Sabendo que o TikTok traz vídeos curtos, de no máximo 1 min., com conteúdo, discussões de assuntos e apresentações de temas num formato diferenciado e não linear, você acha que uma pessoa que usa essa plataforma como fonte de pesquisa é alguém que quer assistir a um treinamento com um instrutor falando por 40 minutos com uma apresentação de slides no PowerPoint?

A ideia de inovar na educação pode ser traduzida como essa modernização da forma de ensinar e aprender, fazendo uso de estratégias, recursos e metodologias que consigam atender a essas novas habilidades e competências.

Mas afinal, de que habilidades e competências estamos falando? Vamos construir este pensamento juntos: em **primeiro**, se uma pessoa pesquisa sobre metaverso, por exemplo, no Google e outra no TikTok, você imagina que a forma de processar essas informações pode ser diferente? Na imagem a seguir temos algumas características sobre como a pesquisa ocorre em cada uma dessas ferramentas citadas, veja:

VI: pesquisas no Google e no TikTok: algumas características

Analisando as duas situações, é possível perceber que o trabalho cognitivo será diferente, desde o caminho que o cérebro faz para escolher onde vai fazer a pesquisa e realizar a curadoria do resultado até o percurso que segue para analisar e combinar as informações a fim de gerar um novo conhecimento.

Em **segundo**, para fazer esse processo acontecer, nos dois cenários citados nesse exemplo, é necessário que o indivíduo requisite alguns esquemas mentais, tenha comportamentos e atitudes que juntos sejam capazes de desenvolver uma ou mais **habilidades socioemocionais (*soft skills*)**, que serão responsáveis por exercer tal atividade. E essas habilidades não serão as mesmas nos dois exemplos. Antes de discutirmos as diferenças, veja os dois pontos a seguir:

I. O cérebro é o responsável por organizar as informações armazenadas, seja por meio de leitura, escuta ou conversa, fazendo uma análise e interpretação destes dados para gerar uma resposta. Além disso, também é o órgão que faz o controle do raciocínio, da memória e da aprendizagem.

II. Quanto mais um cérebro é estimulado, maior será a sua capacidade de aprendizagem, por isso, as estratégias pedagógicas buscam combinar diferentes estímulos de ensino. Esse processo produz uma reorganização do sistema nervoso, resultando em mudanças comportamentais (Guerra, 2011).

As habilidades socioemocionais estão relacionadas com as habilidades mentais e a capacidade de lidar com as emoções, por isso, são reguladas pelo lado direito do cérebro, que é o responsável por assimilar as informações e estruturar respostas. Logo, o nível das habilidades pode variar de indivíduo para indivíduo, de acordo com o meio psicossocial em que ele se insere.

Vimos que as características de pesquisa entre o Google e o TikTok são diferentes e que o desenvolvimento das habilidades socioemocionais está ligado às respostas dadas pelo cérebro aos estímulos por ele recebidos, certo?

Vamos ao **terceiro** ponto: a atenção está relacionada a uma preferência por determinada informação sensorial. Inclusive por este motivo, o ato de prestar atenção consegue reduzir a interferência causada por estímulos externos que possam distrair alguém.

Por **último**, vamos trazer para este exemplo o psiquiatra William Glasser, criador da teoria da pirâmide de aprendizagem, que traz uma hierarquia de ações que geram retenção de conhecimento:

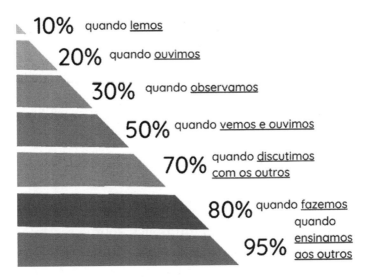

VII: pirâmide de aprendizagem de Glasser

Realizar uma pesquisa por meio do TikTok une diferentes ações, como ler, ouvir, analisar outras opiniões e, em muitos casos, expressar sua própria opinião posicionando sobre um determinado assunto. O que, por sua vez, o que, por sua vez, envia mensagens ao cérebro por meio de estímulos, influenciando o processo de aprendizagem e a mudança comportamental, ou seja, o desenvolvimento das habilidades.

Esse processo faz com que a geração Z venha com uma demanda de habilidades diferente das gerações anteriores. Por isso, não dá para dizer que a forma de ensinar e aprender é a mesma que há 30, 40 anos atrás.

Respondendo à pergunta, quais são as habilidades e competências, podemos dizer que depende. Afinal esse resultado está ligado a todas as variáveis que vimos até aqui, entretanto, é perceptível que o uso do TikTok, por exemplo, pode trazer mais estímulos, portanto, a resposta para esse estímulo pode ser um maior desenvolvimento das habilidades.

Agora, quais seriam exatamente essas habilidades? Bom, existem algumas que são identificadas, por estudiosos da área, como essenciais para se ter e iremos falar sobre isso mais à frente.

2.1.1 INOVAÇÃO E EMPREENDEDORISMO

No capítulo I, falamos um pouco sobre essa relação, agora quero aprofundar essa ideia e mostrar como o empreendedorismo, enquanto comportamento, é um elemento importante na construção de uma educação inovadora.

A verdade é que para conseguir fazer o que ninguém fez ou ao menos tentar algo diferente, sair da conhecida zona de conforto, pode requerer mais do que vontade apenas, mas **coragem** em errar. E isso é algo tão importante para mim e para você que está lendo este livro quanto para os inúmeros treinandos dentro de empresas, para quem construímos materiais de treinamento (presencial ou *online*).

Sendo assim, por que construir um material didático sem dar a possibilidade de que o outro, o indivíduo a ser treinado, possa experienciar esse momento de coragem? Para fim de alinhamento, entender que o erro faz parte do processo é uma conversa que eu e você, profissionais de educação, já sabemos, certo!? Agora, o seu público de educação corporativa não sabe disso, na prática, afinal, ainda existem empresas em que o erro é visto como erro, puro e simples. Então, como essa pessoa vai se sentir segura e encorajada para tentar e errar?

Então, quando falo em modernizar o ensino e a aprendizagem, também me refiro a esse processo de dar **autonomia** ao outro e de respeitá-lo. Isso envolve saber como criar situações em que o ensino valorize a experiência do erro como parte do processo para buscar uma solução diferente, que vai agregar valor ao produto dessa empresa. É ensinar a pensar sobre o que fazer quando errar. Afinal, se isso é algo que pode acontecer, então por que não prever e pensar em soluções possíveis? E **pensar nessas soluções** pode ser algo **testado e orientado** em um ambiente seguro de ensino. Isso é fazer um trabalho centrado no usuário, isto é, no seu público. É inovar na educação, fazendo uso de habilidades empreendedoras.

2.2 INOVAÇÃO NA PRÁTICA

Agora que compreendemos a importância de inovar na educação, isso nos leva a outro nível, que é saber como se aplicam essas ideias, de que forma é possível ver a inovação acontecendo. Pensando nisto, cabe trazer para esse nosso bate-papo uma fala do educador José Pacheco, proferida em 2021 no congresso *Conversas que Transformam*, onde ele diz que "...chamam inovação aquilo que não é e classificam (como) propostas novas o que é somente a reinvenção da roda da pedagogia."

Pegando como exemplo, o desenvolvimento de trilhas de conteúdo de treinamento, podemos dizer que inovação não é colocar um curso no formato de tela e hospedar dentro de uma plataforma de aprendizagem, isso é apenas trocar a sala com quatro paredes por um ambiente virtual, é um uma substituição. Ou seja, não incrementa nada de novo e nem muda totalmente o processo.. Falo aqui, enquanto inovação na educação, de uma mudança de postura na construção de novas aprendizagens. De uma possibilidade real de pegar um treinamento expositivo e reestruturá-lo, de modo que se faça uso de três elementos essenciais: *design*, experiência e aprendizagem, que juntos trazem o conceito <u>Design de Experiência de Aprendizagem (LXD)</u>.

> "...um bom LXD é criado para ajudar a dominar e reter informações novas e difíceis de compreender. Além disso, o LXD deve ser capaz de aliviar respostas emocionais negativas que surgem no processo de aprendizagem e transformá-las em uma experiência agradável. Para tanto, o LXD mescla princípios de DI e DT com o desenvolvimento de currículos e a aplicação de tecnologias emergentes a fim de apoiar a adaptação do conteúdo ao comportamento e às preferências dos alunos." (FILATRO, 2019, p. 42)

Fazer uso do LXD, pensando de forma pedagógica a composição do cenário, é levar em consideração a experiência individual dos treinandos, criando soluções personalizadas, que é o que vai nortear a estruturação de atividades que dialoguem com cada um. Desta forma, é possível ter uma aprendizagem que não é só da instituição, mas que seja interessante para cada indivíduo, que faça parte dos seus objetivos reais.

Durante a pandemia, nos anos de 2020 e 2021, o mundo se viu em um isolamento prolongado, que obrigou pessoas, instituições e empresas a mudar a forma de trabalhar. Veja bem: mudaram a "forma de trabalhar" e não o comportamento em si.

Para exemplificar melhor a mudança da forma de trabalhar e não do comportamento, trago um exemplo em que podemos analisar duas situações que aconteceram nesse período. Em ambas, a proposta foi transformar um conteúdo de treinamento presencial para o *online*, com a presença do instrutor. Vamos analisar cada caso:

Caso 1

O projeto chegou com as seguintes orientações: reduzir a quantidade de slide e refazer as atividades de modo a adequá-las ao formato *online*. O conteúdo entregue foi a apresentação em PowerPoint utilizada no presencial. Neste novo formato, o instrutor iria aplicar o treinamento com a nova apresentação, *online* ao vivo, por meio do Zoom.

Caso 2

A proposta foi recriar o material a partir da apostila escrita, que era o material de orientação e estudo dos instrutores. A partir daí, foi feito um trabalho de estruturação didática do conteúdo, alinhamento com o perfil do público e com a plataforma de aprendizagem, de acordo com os recursos disponíveis. As atividades do presencial foram recriadas, mantendo seus objetivos, mas planejada para o formato *online*, num curso que teria momentos síncronos e assíncronos.

A ideia não é apontar um certo ou errado, mas sim analisar as duas situações pelo prisma da inovação. Melhor ainda, pensando na frase do prof. José Pacheco "chamam de inovação aquilo que não é", é possível ver a diferença entre os dois casos apresentados. O primeiro caso representa o que mais aconteceu durante a pandemia, que foi pegar um material do presencial, com poucas adequações, junto com o professor e colocar dentro de um espaço *online* com transmissão ao vivo.

Esse modelo de ensino ficou conhecido como ensino remoto, que consiste em aplicar um material de forma *online* e reunir professor e alunos no mesmo espaço, seguindo a estrutura do presencial. Essa estrutura não possui uma diferença substancial a ponto de trazer uma melhoria para o processo de aprendizagem, ou seja, para os alunos.

No entanto, no caso 2, o curso passou por uma transformação, ganhando recursos de mídia, uma nova estratégia, hospedagem em plataforma de aprendizagem, novas atividades, instrutores com treinamentos, ou seja, passou por todo um processo de melhoria que, por fim, agregou novos resultados ao seu público final.

Mais uma vez, cabe lembrar que não há certo ou errado, apenas estratégias de trabalho diferentes em cada caso. O problema acontece quando o objetivo não está claro ao definir as estratégias, porque, no caso 1 e no caso 2, não há possibilidade de se ter o mesmo objetivo final, ou seja, funcionários diferenciados que sabem resolver problemas e trazer soluções diferentes ao cliente. Afinal, é muito difícil ser criativo e empreendedor se o foco do treinamento está apenas na transmissão do conteúdo.

2.3 UM NOVO CAMINHO: O "EU" CRIATIVO

A mudança de comportamento de uma forma de pensar linear para uma estrutura de múltiplas conexões é uma decisão consciente. Essa mudança consiste em entender a posição atual, limitada em suas soluções, e buscar, de forma racional, sistemática e estruturada, por uma visão aberta ao que é diferente.

Ser criativo passa pela tarefa de desenvolver uma habilidade, e, como acontece com toda habilidade, algumas pessoas vão ter uma inclinação natural a ela, enquanto outras vão precisar se esforçar mais para adquiri-la. Ainda assim, ser criativo é um compromisso que depende de você e não de um momento "eureca".

Aplicar a inovação na educação corporativa ou em qualquer outra área não é uma tarefa simples, mas é uma realidade cada vez mais presente. Uma vez que se entende que as relações sociais e o mundo como conhecemos está se transformando, dentro deste novo contexto de **Mundo Bani**, mudar é uma questão de sobrevivência.

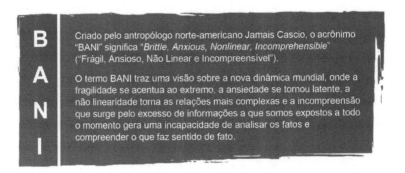

Criado pelo antropólogo norte-americano Jamais Cascio, o acrônimo "BANI" significa *"Brittle, Anxious, Nonlinear, Incomprehensible"* ("Frágil, Ansioso, Não Linear e Incompreensível").

O termo BANI traz uma visão sobre a nova dinâmica mundial, onde a fragilidade se acentua ao extremo, a ansiedade se tornou latente, a não linearidade torna as relações mais complexas e a incompreensão que surge pelo excesso de informações a que somos expostos a todo o momento gera uma incapacidade de analisar os fatos e compreender o que faz sentido de fato.

VIII: texto adaptado de: https://www.fundacred.org.br/site/2021/09/23/como-o-mundo-bani-impacta-a-gestao-educacional/ - 16/08/22 às 9h

Enxergar essa realidade traz uma nova perspectiva de soluções que inclui ter em mente quais são os impactos que você quer promover, mas, mais do que isso, como você se transforma para conseguir alcançar esses objetivos. Por isso, nesse tópico, iremos elencar elementos que já foram citados ao longo desses dois primeiros capítulos e que fazem a diferença nesse processo consciente de mudança, merecendo, por isso, uma atenção mais dedicada. Esses elementos são: o termo *soft skill*, autonomia, perfil empreendedor e criatividade.

2.3.1 SOFT SKILL

A inovação é uma ação que surge quando há um problema que precisa de uma saída, ou seja, ocorre uma busca por uma solução e este momento é tomado por incertezas, afinal, não se sabe o que será, como vai acontecer, o que ela envolve e se, ao final de todo o processo, se ainda será viável. Pois bem, é nesse momento que as habilidades socioemocionais são requisitadas para auxiliar esse processo de busca e desenvolvimento da solução, pois é o que nos permite navegar em meio às incertezas.

Isso nos faz pensar que, cada vez mais, os profissionais serão requisitados pelas suas *soft skills*, nos remetendo a uma frase de Peter Druker amplamente replicada em sites e blogs, que diz "As pessoas são contratadas pelas suas habilidades técnicas, mas são demitidas pelos seus comportamentos". Para confirmar essa frase, temos uma pesquisa da Page Personal, realizada em 2018, que aponta que 90% dos colaboradores são desligados por questões comportamentais.

Somado a isso, em 2020, temos essa mesma empresa de Recrutamento e Seleção, que divulgou uma pesquisa que mostra dados sobre a dificuldade de encontrar profissionais com as competências comportamentais necessárias.

IX: pesquisa sobre porcentagem de profissionais com o perfil esperado pela Page Personal: https://www.pagepersonnel.com.br/sites/pagepersonnel.com.br/files/legacy/habilidades_360deg_america_latina_2020_-pp-impulsione_seu_negocio_com_talentos_hibridos-1-33_1_0.pdf

Você percebeu aonde eu quero chegar?

Se as habilidades comportamentais são desenvolvidas e ensinadas em qualquer fase da vida e encontrar um profissional que seja bom tanto em questões comportamentais quanto técnicas é difícil, por que não oferecer uma solução em educação corporativa que promova isso? E essa solução passa por onde? Inovação!

Estamos falando de uma época em que os contextos são marcados pela complexidade e instabilidade, onde as tecnologias se reinventam em um curto espaço de tempo, assim como as informações dobram de quantidade em uma velocidade muito grande.

Lidar com essas incertezas nos leva a um patamar de quem busca reinventar as soluções, pois a solução de ontem pode não conseguir atender mais um problema. Por isso, o ensino inovador é o caminho para essa modernização do processo de ensino e aprendizagem e isso não tem, necessariamente, a ver com o uso de tecnologias, mas sim de estratégia.

2.3.2   AUTONOMIA

A inovação e autonomia são elementos que se complementam, pois a inovação é uma consequência da autonomia. E vou lhe mostrar porque estou lhe dizendo isso. A autonomia nos dá a possibilidade de testar novos caminhos, pois o medo de errar dá espaço para a habilidade de controlar o erro e reduzir os impactos que ele pode causar. Essa é uma habilidade de gerenciamento e controle de risco, por isso, profissionais que tem essa autonomia mais desenvolvida, normalmente são chamados para assumir posições de liderança.

É importante ressaltar que a autonomia não tem a ver com o tipo de cargo ou função desempenhada, mas sim com o perfil da pessoa. Relaciona-se com aquilo que ela se propõe a fazer e como isso é desenvolvido em diferentes situações do cotidiano.

Agora, como isso se liga à inovação?

O risco! Escolher o caminho da inovação envolve riscos, pois é uma decisão que te coloca em uma posição de tentar o novo. Por exemplo, imagine a primeira faculdade que decidiu apresentar um modelo de pós-graduação em seis meses ao invés dos tradicionais dois anos. Será que quando essa ideia surgiu, não houve várias negações contra a ideia? Será que foi um processo que aconteceu rápido? Será que os pares (outras faculdades e universidades) não olharam com estranheza?

Qual foi a estratégia de inovação por trás desta decisão de reduzir o prazo de dois anos para seis meses? Sabe aquela sensação de que o mundo está evoluindo mais rápido do que conseguimos nos adaptar? A resposta passa por isso. Imagine que, desde 2020, segundo Buckminster Fuller, a estimativa é de que o conhecimento humano dobre a cada doze horas. Isso significa que, a cada 12 horas, a quantidade de conhecimento disponível se duplica. É muita informação ao alcance de um ou dois cliques.

Para que uma pessoa se levantasse e desse a ideia de uma pós-graduação ser feita em 6 meses com a mesma quantidade de conteúdo e qualidade, era preciso que fosse alguém com liberdade suficiente para passar pelas regras e encarar os riscos.

Então, a autonomia aumenta a curiosidade, que leva a uma posição de querer tentar coisas novas. Isso, por sua vez, gera uma consequência natural: a inovação. Portanto, pode-se dizer que a inovação requer que o indivíduo tenha um alto nível de autonomia.

2.3.3   PERFIL EMPREENDEDOR

Para compreender como o perfil empreendedor está ligado ao conceito de inovação, é importante que, primeiro, se possa entender o conceito de empreendedorismo.

Segundo Jean Baptiste Say e Richard Cantillon, no século XVII, o empreendedor é aquela pessoa capaz de reunir três elementos: **produção, gestão e capacidade de assumir riscos**. Associada a essa definição, vou complementar esse conceito com a visão de Joseph Schumpeter, que responsabilizou o empreendedor pelo processo de **destruição criativa**, ou seja, **destruir o velho** para assim conseguir **criar o novo**, sejam produtos, métodos de produção ou mercado. Schumpeter associa o empreendedor ao desenvolvimento econômico.

Se ser empreendedor está ligado ao ato de produzir, ou seja, de fazer algo e de criar o novo, então fica fácil enxergar uma relação de proximidade entre a inovação e este perfil, do qual ela depende para sobreviver e se propagar.

É importante dizer que ser empreendedor não significa abrir um negócio próprio. Existem 3 tipos principais de empreendedores: o tipo **tradicional de empreendedorismo**, aquele que vai abrir um negócio por conta própria. Temos também o **intraempreendedor**, que é a pessoa que tem o perfil empreendedor, mas trabalha dentro de uma instituição, usando essas competências empreendedoras dentro do trabalho. Há, por fim, o **empreendedor social**, que trabalha em prol de causas que tenham impactos sociais ou ambientais.

Mas qual é o perfil de um empreendedor? Segundo o SEBRAE, ele apresenta como características a perseverança, liderança, resiliência, autoconfiança, capacidade analítica, criatividade e automotivação. A combinação dessas competências favorece diretamente na inovação, justamente por ser uma área de incertezas e de barreiras inerentes. E quanto mais disruptiva for uma ideia, mais habilidades empreendedoras serão requeridas.

2.3.4 CRIATIVIDADE

Para falar de criatividade não poderia deixar de trazer uma pesquisa desenvolvida por George Land, Beth Jarman, que ficou muito conhecida por causa do resultado encontrado.

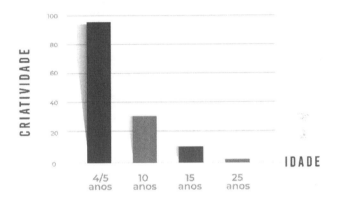

X: pesquisa sobre criatividade, de George Land

Esse teste foi realizado com 1.600 crianças e 280 mil adultos, onde seus resultados demonstraram que todos nascemos com a capacidade de propor novas ideias e pensar em novas soluções, mas, conforme envelhecemos, vamos perdendo essa criatividade. Mas por que isso acontece?

Bom, na fase infantil, somos sempre encorajados a descobrir o mundo, a fazer coisas novas, afinal, essa é uma idade em que a criança está descobrindo o mundo. Entretanto, conforme os anos vão passando, essas mesmas crianças são cada vez mais inseridas na sociedade e no ambiente escolar, onde começam a seguir regras e um padrão esperado. O erro, que antes era uma experiência, torna-se algo a ser evitado. A curiosidade em buscar uma forma diferente de fazer algo é tolhido pelo padrão de resposta que já existe, afinal ele já dá certo e é usado por todos.

Na pandemia de 2020 e 2021, todos se viram obrigados a mudar a cultura de trabalho para se adequar a uma nova realidade que se impunha.

Com isso, algumas empresas conseguiram encarar medos e riscos, ao mudar o que já sabiam fazer para um novo processo. Por outro lado, outras instituições se viram perdidas dentro dessa nova realidade de tecnologias e mídias.

A área da educação teve muitos ganhos com os investimentos e divulgação das tecnologias, com o trabalho do designer instrucional e o uso do ensino à distância. Por outro lado, se formos pensar em criatividade, o cenário não foi tão satisfatório.

Nem todos estavam preparados para isso, é preciso se colocar em uma posição de desafios, em situações de desconforto, buscar problemas para ser solucionados, ter acesso a diferentes fontes de informação, fazer a ação.

> "Num mundo em que o futuro não pode ser previsto com base no passado, e no qual a informação dobra de volume num período de poucos anos, as atuais abordagens dos negócios e da educação tem uma utilidade extremante limitada." Ponto de Ruptura, página 108.

A perda da criatividade é um fator negativo quando se fala em um espaço de inovação, pois o pensamento lógico e linear é uma estrutura que funciona dentro de um cenário onde os problemas são previsíveis e, inclusive, podem até ser antecipados. Contudo, o cenário da pandemia nos trouxe a certeza de que não há linearidade, essa não tem sido a nossa realidade nos últimos anos e, muito provavelmente, não será a realidade do futuro.

CAPÍTULO III
INOVAÇÃO É MÉTODO

A inovação é um processo criativo que qualquer pessoa pode desenvolver, logo a ideia de que inovar é um dom é algo que cai por terra, como já comentamos anteriormente, certo? Certo. Pois bem, sendo assim, de que forma esse processo de inovação pode acontecer para que qualquer pessoa, de fato, possa fazer uso?

Essa é a questão principal, como ocorre o processo de inovação e como posso fazer parte disso. Fazer esse processo acontecer passa pela capacidade de ter novas ideias e saber aplicá-las de maneira que melhore ou mude algo.

Algumas pessoas conseguem ter novas ideias a todo momento, inclusive quando estão em um momento de descanso. Segundo um pesquisador especialista em neurociência cognitiva pela Universidade Harvard, Roger Beaty, que fez uma pesquisa com 163 pessoas que realizavam trabalhos que exigiam do cérebro um pensamento criativo, descobriu que os indivíduos que tinham as ideias mais originais, demonstravam um padrão de conexão cerebral diferenciado. "O cérebro criativo está conectado de uma maneira diferente, e as pessoas criativas são mais capazes de ativar sistemas cerebrais que tipicamente não funcionam juntos.", disse Roger Beaty.

Por mais que essas pessoas sejam percebidas como diferentes, pela pesquisa, isso não as define como gênios(as), mas mostra que existe um padrão que é seguido. Isso só reforça a definição de que qualquer pessoa pode ter ideias ou realizar um processo inovativo, basta que siga um processo metodológico.

3.1 ABORDAGEM COGNITIVA CONVERGENTE E DIVERGENTE

Como surgem as ideias?

Partindo do princípio de que criar soluções para um problema faz parte da atividade humana, podemos dizer que essa [criar ideias] é uma habilidade. É claro que algumas pessoas têm mais facilidade em criar, como é o caso daqueles que foram estudados na pesquisa citada acima, seja por ser um processo que estão acostumadas a fazer ou porque gostam e praticam mais vezes e, por este motivo, conseguem fazer com que o cérebro funcione de forma diferente. Essas pessoas provavelmente possuem um pensamento divergente mais aflorado e, por este motivo, exploram mais essa multiplicação das ideias. Mas o que seria esse pensamento divergente? Bom, vamos entender isso por etapas, o conceito de pensamento divergente funciona junto com o conceito de pensamento convergente, que são abordagens cognitivas que foram desenvolvidas pelo psicólogo J. P. Guilford em 1950.

Esses dois pensamentos tratam de formas de pensar diferentes, entretanto, são abordagens que se complementam dentro de um processo criativo. Agora, vamos detalhar esses dois pensamentos.

3.1.1 PENSAMENTO CONVERGENTE

Antes de falar de definições e conceitos, vamos refletir sobre como funcionamos, naturalmente, ao encontrar um problema:

1. O que acontece quando você encara um grande problema? Bom, segundo a pesquisa do neurocientista, que vimos acima, a capacidade de criar soluções para os problemas é algo inerente ao ser humano. Logo, quando estamos de frente para um problema a nossa reação natural é encontrar uma solução que resolva isso o mais breve possível.

2. O primeiro passo é que nos preocupamos em colher algumas informações básicas, sobre o problema, que possam nos ajudar a resolvê-lo, como, por exemplo, por que isso ocorreu? Quem é o responsável?

3. Em seguida, na posse desses dados, algumas hipóteses são levantadas e então chega a hora de colocar a solução em prática e você precisa definir, dentre as ideias que teve, qual delas é a melhor resposta, ou seja, aquela que irá resolver o problema.

Esse processo descrito acima, que é o mais comum para todos, trata-se de uma abordagem convergente, ou seja, é uma maneira sistemática e analítica de encontrar uma solução, onde, o foco é no resultado. Segundo Joy Paul Guilford, o pensamento convergente **é a habilidade de dar a resposta correta a uma pergunta ordenando de forma lógica as informações disponíveis.**

A convergência é o pensamento que mais utilizamos, no dia a dia, para encontrar soluções e tomar decisões, pois é sistemático, analítico e lógico. Espera, mas cadê a criatividade?

Muito bem lembrado! Mas a verdade é que o pensamento convergente não se concentra em compreender todas as características e possibilidades que um problema possui, buscando cenários diferenciados. Ele entende o que é e define o que fazer para resolver, ele não tem como função ser criativo e está tudo bem, pois, ainda assim, ele tem suas vantagens.

3.1.2   PENSAMENTO DIVERGENTE

Por outro lado, temos o pensamento divergente, onde a primeira ideia de solução não é considerada a mais viável e o que já sabemos sobre o problema é apenas o início.

Vou dar um exemplo simples, outro dia, voltando da escola com o meu filho, que tinha 3 anos na época, vimos uma lagartixa andando na calçada, não daquelas que vivem nas paredes de casa e são quase que translucidas. Mas sim, aquelas de pela mais grossa, cinza escuro e que vivem nas plantas e árvores e adoram tomar sol.

Pois bem, parei e mostrei a lagartixa para ele e comentei "veja é igual a do livro que lemos." Ele olhou, concordou comigo e perguntou "Mãe, porque elas balançam a cabeça?".

Eu não sabia a resposta e muito provavelmente você também não sabe. Isso acontece porque o nosso cérebro se satisfaz com a informação básica que já temos sobre aquele animal "Ele balança a cabeça porque lagartixas fazem isso.". Por outro lado, o cérebro de uma criança funciona além das informações convencionais. Eles exploram novas informações baseados na curiosidade e, até mesmo, no inconformismo diante de alguma situação. Essa forma de pensar é o pensamento divergente, ou também conhecido como pensamento lateral que foi um termo trazido por Edward Bono.

> A título de curiosidade, sim eu fui procurar porque elas balançam a cabeça, afinal o "porque são lagartixas" não foi o suficiente e a resposta é que esse movimento é uma forma de comunicação entre os indivíduos da mesma espécie.

Agora, voltando a nossa conversa, em um mundo tão complexo, dinâmico e impreciso, acreditar que todos os problemas possuem apenas uma única solução, é quase que ingênuo. Portanto, o pensamento divergente traz esse caminho de criar e sugerir novas perguntas que nos levem a novas soluções para um mesmo problema.

Se você já participou de um processo seletivo, provavelmente, já realizou uma daquelas dinâmicas onde você possui objetos totalmente desconexos, como uma bola e um abridor de garrafa, e precisa criar um produto com a junção deles? Pois bem, aquilo não é brincadeira, é uma atividade de desenvolvimento do pensamento divergente. A ideia é levar você para um lugar onde conexões totalmente novas e diferentes do que conhecemos, podem surgir.

3.1.3 PENSAMENTO CONVERGENTE X DIVERGENTE

É importante dizer que um pensamento não é melhor que o outro, a ideia e que eles trabalhem juntos, pois um fornece material para o outro. Lembre-se disso, pois veremos como esse processo funciona quando falarmos das metodologias de inovação.

Enquanto o foco do convergente é afunilar as ideias para entregar uma solução e resolver o problema, o objetivo do divergente é multiplicar as ideias, compreender outros caminhos que fariam o problema acontecer da mesma forma, identificar outras variáveis que podem influenciar, enfim, pensar em novas possibilidades. Ou seja, o foco não é filtrar as ideias, mas sim aumentar de forma livre e sem que haja um compromisso com o resultado.

Veja a imagem a seguir:

Figura XI

Essa é uma imagem comum quando as palavras "cérebro e criatividade" se juntam, trazendo a ideia de que o hemisfério esquerdo é mais lógico e o direito é criativo. Segundo isso, as pessoas que usam o pensamento convergente estariam usando o lado esquerdo do cérebro, e quem usa o divergente o lado direito. A única questão é que esses pensamentos devem funcionar juntos, de forma combinada e alternada, dentro de um processo criativo. Não se trata de um "ou isso, ou aquilo" **é junto**.

O problema ocorre quando a equipe, a escola, a empresa ou o grupo não compreende esse processo e trabalha somente no pensamento convergente, que já nos é natural. Ficar preso no pensamento convergente é viver uma vida com as mesmas soluções para os mesmos velhos problemas.

Por exemplo, um cliente solicita um curso online, onde todos os funcionários devem realizar e concluir. Em um dado momento da conversa, ele lhe pergunta "como podemos garantir que os funcionários vão ver todos as telas do curso? E se ele ficar apenas passando tela por tela, sem ler nada, apenas para concluir?"

A resposta mais comum, **para resolver o problema**, envolve programar travas no botão avançar, assim o usuário só irá conseguir mudar de tela depois que clicar em todos os conteúdos disponíveis. Mas e se a gente **explorar esse problema**, será que não há outras ideias mais estratégicas e enriquecedoras que ajudem a **solucionar esse problema de forma criativa?**

Do mesmo jeito que em uma sala de aula, ou em uma palestra, o facilitador lá na frente faz momentos de interação com perguntas, traz uma curiosidade interessante ou faz um questionamento para incomodar, ele está reconectando se com o público. Será que esse contexto não nos traz **ideias diferentes para o problema do cliente?** Será que a única solução é travar o botão avançar?

Enfim, acho que agora, após esse bate papo, você consegue responder, como esses dois pensamentos pode lhe ajudar?

Para que essas abordagens aconteçam e sejam aplicadas, usando as técnicas corretas, para tirar o melhor proveito delas é preciso conhecer um bom processo metodológico de inovação. E o objetivo desse capítulo é apresentar um duo de metodologias e uma abordagem que considero básicas e imprescindíveis quando o assunto é inovação, são elas: TRIZ, SCAMPER e Design Thinking.

3.2 METODOLOGIA TRIZ

A sigla TRIZ vem do russo e surgiu com o trabalho de G. S. Altshuller nos anos 1940, significando **Teoria da Solução Inventiva de Problemas** (Savransky, 2000) e é um método para inovação. Essa teoria tem como premissa considerar o problema, valorizar o conhecimento e desenvolver soluções humanas, ou seja, que não estejam ligadas ao tecnológico, necessariamente.

3.2.1 DEFINIÇÃO DA TRIZ

Mas o que seria essa "solução inventiva" para um problema? É que o produto dessa metodologia é uma resposta criativa, ou seja, diferente do normal, para **solucionar um problema especial**. Por isso, ela se caracteriza como "solução inventiva". Mas o que seria um problema especial?

É quando o problema se apresenta como uma "contradição", e é aqui que mora a beleza dessa metodologia. A contradição presente em um problema é quando **temos um propósito específico a ser alcançado, mas esse objetivo não é compatível com alguma característica do sistema/ processo que está sendo desenvolvido**. Logo, a solução dele não será simples. Por exemplo, o *smartphone*, provavelmente, hoje é uma contradição, pois ele facilita e otimiza diferentes processos, inclusive os bancários, e, por isso, ele também torna a ação de fraudes e de bandidos mais fáceis.

Com isso, ele pode ser caracterizado como um problema inventivo ou diferenciado, isto é, em que há necessidade de buscar uma solução inovadora para o seu funcionamento. No caso do nosso exemplo, essas soluções poderiam estar voltadas para questões que envolvam o uso de meios de segurança de bloqueio, como rastreio do aparelho, reconhecimento facial, acesso aos dados do celular por outros caminhos, *backup* na nuvem e outros.

Apesar de ter sido criada na área da engenharia, com o propósito de desenvolver um método que orientasse o processo de criação dentro do campo da engenharia, a TRIZ é aplicável em diversas áreas do conhecimento. O interessante é que essa teoria foi desenvolvida essencialmente para que qualquer pessoa fosse capaz de vivenciar o processo de ideação, uma vez que se trata de um processo eficaz na solução conceitual de problemas.

3.2.2 COMO FUNCIONA A TRIZ

De acordo com a teoria, as pessoas tendem a querer resolver um problema de imediato. Pensamento convergente, lembra? Porém, formular corretamente o problema é o pilar para encontrar a solução.

Por isso, uma ação primária é **compreender o real cenário** em que o problema está inserido e verificar se existem situações similares em outras esferas do conhecimento que já estejam resolvidas.

Pensando no nosso contexto, essa ideia de procurar situações similares é muito importante, pois você sai da bolha da educação. Afinal a tendência é que pessoas da mesma área pensem de forma parecida, certo? Por isso, se você conversar com engenheiros, biólogos, empreendedores, empresários e outros, muito provavelmente, você vai encontrar posições diferentes sobre um mesmo tema. E isso enriquece o seu olhar.

Além disso, a TRIZ traz em sua base a ideia de que inovação não é uma geração espontânea, você pode usar exemplos que já existem como base para pensar em cima. Vamos ver quais são as etapas de aplicação da TRIZ:

Etapas de aplicação

XII – Teoria TRIZ

I.   **Problema específico** → Em primeiro, é preciso saber "quem é/o que é o meu problema?".

II. **Problema genérico** → Esse é o momento de pensar situações em diferentes campos, ou seja, usar o pensamento divergente. E, assim buscar soluções que se assemelhem ao meu problema, e, por isso, possam ser utilizadas para solucionar o problema.

III. **Solução genérica** → Agora é hora de aplicar a teoria do problema genérico encontrado, na situação problema que temos, ou seja, buscar a solução usando pensamento convergente. Por exemplo, no caso do *smartphone*, para ajudar a solucionar a questão da segurança eles trouxeram do contexto bancário a leitura biométrica e o reconhecimento facial. Não dá para trazer a ideia de forma direta, afinal os contextos são diferentes, então este é o momento de entender a teoria por trás da solução genérica.

IV. **Solução específica** → Agora é a hora de aplicar a "nova teoria", após as devidas adaptações, e, enfim, ter a solução inventiva para o problema.

A TRIZ possui uma tabela de Problemas Inventivos – PIs, onde Altshuller mapeou por décadas diferentes patentes, criando um padrão de contradições e, em seguida, identificou problemas similares para criar princípios que as solucionem. Essa tabela pode ser aplicada à engenharia e a outras áreas (Carvalho; Back, 2001). A forma mais simples de utilização é o uso direto, que consiste em analisar a listagem e aplicar o princípio mais coerente para obter a melhoria desejada. Outra maneira envolve a identificação da contradição, que é realizada por meio de uma matriz e, em seguida, também se utiliza a listagem de PIs.

Entretanto, para a área de educação, por falta de tradição no uso dessa teoria, ainda não tem princípios inventivos específicos que se encaixem. Seria necessário antes analisar patentes da área educacional, estabelecer as contradições possíveis e gerar uma tabela específica de princípios que removam as contradições ao apresentar uma solução. Este é um processo bem trabalhoso; contudo, não é um impeditivo para a utilização do conceitual inovativo da TRIZ.

3.3 DESIGN THINKING

O Design Thinking (DT) é uma das abordagens criativas mais popularizadas, dentre as mais diversas áreas. Aliás, neste livro, iremos tratar o DT como uma abordagem e não como método, apesar de você conseguir encontrar facilmente, em uma busca na internet, ele sendo nomeado como método.

Isso porque, a meu ver, uma metodologia é formada por uma sequência de etapas que direcionam para um resultado aplicado. Vejam o caso da TRIZ, não há como utilizarmos apenas a etapa 4 e, ainda assim, obter o resultado. No entanto, veremos mais a frente que o Design Thinking não funciona dessa forma, e, por este motivo, entendo que a melhor forma de nomear é como abordagem. Mas isso é apenas um detalhe, o principal é que você perceba que o Design Thinking pode e deve ser usado para resolver problemas de qualquer área, inclusive da educação.

Bom, o uso do design com o conceito de "pensar" e não necessariamente a ideia de visual e desenho, surgiu com Herbert A. Simon, no livro *The Science of the Artificial*, de 1969. Mas foi somente com Tim Brown, CEO de uma consultoria chamada Ideo, no Vale do Silício, que o Design Thinking, como conhecemos, ganhou notoriedade.

3.3.1 DEFINIÇÃO DE DESIGN THINKING

> O design thinking se baseia em nossa capacidade de ser intuitivos, reconhecer padrões, desenvolver ideias que tenham um significado emocional além do funcional (...).Tim Brown (2009, p. 4)

Essa é uma abordagem que traz habilidades da área do design que sempre busca compreender como relacionar as necessidades do indivíduo com os recursos técnicos disponíveis, por este motivo, um dos pontos centrais do DT é ser centrado no ser humano. Isto é, suas ideias sempre devem passar pela crítica de **isso atende esse indivíduo, respeitando suas diversidades?** Talvez para chegar nessa solução seja preciso ter a capacidade de descartar práticas convencionais.

Com isso, podemos compreender o Design Thinking como uma ferramenta de inovação que se vale de técnicas que os designers usam para resolver problemas. Não à toa, Tim Brown sem seu livro, usa a frase "uma metodologia poderosa para decretar o fim das velhas ideias".

3.3.2 COMO FUNCIONA O DESIGN THINKING

O Design Thinking possui 5 etapas que juntas formam um processo de ideação, prototipação e aprendizagem. No entanto, essas etapas não precisam ser aplicadas na sequência exata que veremos a seguir:

XIII. Processo do Design Thinking

É possível que você encontre essas etapas com títulos diferentes, mas a lógica por trás de cada uma delas será sempre a mesma, onde:

I. **Imersão** → O primeiro passo é trabalhar o aprofundamento do problema, do contexto ou da situação a ser solucionada. Ou seja, se apropriar das suas características, não apenas do problema, mas dos envolvidos também. Para isso, é preciso se colocar em um estado de empatia, pois não basta apenas simpatizar com a dificuldade do outro, é preciso entender como é estar no lugar dele para conseguir criar esse ponto de partida.

II. **Definição** → Com todos os dados coletados, na etapa anterior, é o momento de estruturar o que foi apurado e começar a apontar caminhos para a formulação de uma possível solução. Nesta fase o envolvimento com todas as pessoas que são ou serão afetadas pelo problema é fundamental para o desenvolvimento de uma resposta adequada.

III. **Ideação** → como o próprio nome já diz, essa é a fase de levantar ideias. O *brainstorming* é a técnica utilizada nessa fase, e o seu foco é fazer com que esse processo de ideação ocorra a partir das informações da etapa ii.

> **"**
>
> Brainstorming ou tempestade de ideias é uma atividade desenvolvida para explorar a potencialidade criativa de um indivíduo ou de um grupo. Nessa tempestade vale levantar qualquer ideia, insight ou inspiração que surja, e, por mais insignificante que pareça, nenhuma sugestão deve ser cortado de início. Somente ao final da técnica é que se faz uma análise de tudo o que foi sugerido.
>
> **"**

IV. **Prototipação** → agora é a hora de refinar as ideias levantadas, analisando e afunilando as mais promissoras, e passar do campo das ideias para a prática, testando as propostas selecionadas.

V. **Aprendizado** → por fim, essa é a fase de aceite ou descarte das ideias testadas, através dos resultados obtidos na prototipação. Além disso, é a oportunidade aprender com as testagens e pensar em possíveis adequações e ajustes ou, simplesmente, comprovar a inadequação da solução apresentada.

Será que você consegue dizer em quais etapas o pensamento convergente e o divergente estão presentes no Design Thinking?

Assim como a TRIZ, o Design Thinking também faz uso do pensamento divergente e convergente. Sendo na **ideação** o processo mais forte de aplicação da divergência, e na etapa de **prototipação** o uso do pensamento convergente, com o intuito de resolver o problema. Você também pensou dessa forma? Pois bem, ainda temos, a última etapa que é o **aprendizado**, onde, a meu ver, os dois pensamentos podem estar presentes, caso seja necessário fazer algum ajuste no protótipo testado.

Neste caso, você concorda comigo que ao abrir novamente a etapa de ideação, para pensar em soluções de ajuste e depois, se necessário, aplicar o protótipo outra vez, estamos voltando aos pensamentos divergente e convergente? E é aqui que mora a resposta do porquê alguns autores denominam o Design Thinking como abordagem e não metodologia.

As etapas podem acontecer fora de ordem. Dependendo do contexto, você pode começar direto na ideação, ou já iniciar com um protótipo e depois com os resultados, fazer a imersão e analisar e comparar as informações, antes de aplicar novamente o protótipo. Enfim, as combinações e possibilidades são inúmeras, diferente da TRIZ, por exemplo, que segue um passo a passo específico.

3.4 SCAMPER

Esse método diferente dos outros dois que conhecemos traz um acrônimo em seu título, onde cada uma das letras direciona para uma ação que deve ser realizada. O SCAMPER foi criado por Bob Eberle com o propósito de criar uma técnica que estruturasse o processo de *brainstorming*.

3.4.1 DEFINIÇÃO DE SCAMPER

O SCAMPER foi criado para facilitar a geração de ideias e, além disso, possui uma estrutura que ajuda a ser uma sequência organizada de conceitos que podem se combinar, de acordo, com as ideias que surgem a cada etapa.

Diferente da TRIZ e do Design Thinking, o SCAMPER não precisa partir necessariamente de um problema. Ele pode funcionar com um raio-x em cima de algo, com o propósito de trazer ideias inovadoras, potencializando algum serviço ou produto, pensando em cima do seu processo.

3.4.2 COMO FUNCIONA O SCAMPER?

A palavra SCAMPER significa:

Para compreender como cada uma dessas etapas funcionam é preciso ter em mente um processo, um produto ou um serviço. Pois cada uma dessas ações funciona de forma direta, de maneira a lhe tirar da zona de conforto.

Por exemplo, ao ler a ação de cada uma das etapas a seguir, pense em um lápis, ok? Vamos lá:

I. **Substituir** → nesta fase, o foco é pensar em substituições. Uma característica, formato, cor, funcionalidade, material que faz parte da composição, ou uma regra?

II. **Combinar** → esse é o momento de pensar em trazer algo de outro cenário ou produto, e combinar com o nosso, com o intuito de surgir novas oportunidades.

III. **Adaptar** → você pode adaptar algo para gerar uma resposta nova, criar outras funcionalidades.

IV. **Modificar** → esse é o momento de fazer uma análise crítica e olhar para dentro, identificando algo que possa ser intensificado, reduzido (ou removido) ou alterado.

V. **Propor** → vamos expandir as ideias e tentar propor algo novo, seja um público diferente, uma função diferente etc.

VI. **Eliminar** → toda boa entrega passa pela fase de "aparar as arestas", e o eliminar pensa se há algo que precisa ser retirado ou se deixasse de existir, qual seria o impacto?

VII. **Reorganizar** → por fim, é a hora de reorganizar todas as informações levantadas ao longo do processo. Verificar se é preciso trocar algo de lugar, recombinar, enfim, revisitar as etapas, com o intuito de fechar uma solução.

Como foi pensar no lápis em cada uma dessas etapas? Será que surgiu alguma criação diferente? Bom, independente disso, o importante é que você tenha percebido como o SCAMPER precisa de um item, seja ele um processo, produto ou serviço, para se desenvolver.

3.5 COMO ESCOLHER QUAL METODOLOGIA USAR?

Conhecer as metodologias é ótimo, ter um livro como este que lhe apresenta esse duo de métodos e uma abordagem que são voltados para inovação, com uma linguagem dentro da nossa área da educação ajuda bastante. Entretanto, de nada adianta tudo isso se você não souber qual metodologia irá lhe ajudar, no dia a dia.

Porque, enquanto a TRIZ e o Design Thinking precisam de um problema para serem desenvolvidos, o SCAMPER não tem esse direcionamento. Portanto, conhecer o objetivo de cada método lhe permite tirar o maior proveito possível dele.

Vamos pensar em um exemplo real, de como identificar qual metodologia você pode usar:

> Evasão de cursos online
>
> É um problema? Sim
>
> Qual a origem? Precisa pesquisar, pois pode ter diferentes origens, desde falta de interesse até dificuldade de compreender as aulas.

Design Thinking – pode ser a melhor opção para compreender qual é o problema e pensar em soluções, pois lhe permite aprofundar no tema e conhecer de perto os envolvidos.

SCAMPER – se a sua ideia de solução para o problema de evasão for utilizar um produto ou serviço específico, por exemplo, a contratação de um tutor para manter o relacionamento mais próximo, podemos pensar em como transformar o papel deste tutor. Neste caso, o SCAMPER pode ser bem empregado, no sentido de ampliar o conceito de tutor para algo novo que fuja do perfil de tutores que normalmente é utilizado.

TRIZ – Agora se o problema for a dificuldade de acesso à plataforma e aos conteúdos, então podemos usar a TRIZ e identificar soluções genéricas de outras empresas que tenham passado por isso, e verificar a possibilidade de adaptações.

Enfim, é importante você conhecer a metodologia, mas também é importante saber quando utilizar cada uma delas. No próximo capítulo, você vai conhecer algumas experiências práticas relacionadas a processo criativo.

CAPÍTULO IV
E NA PRÁTICA, COMO FUNCIONA?

Esse capítulo traz a parte mais gostosa desse livro: a experiência prática. É claro que saber a teoria, conhecer como as engrenagens funcionam e como os elementos se conectam faz toda a diferença, em qualquer área. Mas não há como negar que, quando estamos lendo e/ou estudando um assunto sobre o qual temos real interesse e queremos aprender mais sobre aquilo, a parte prática é o que nos conquista.

Por isso, desde o início do planejamento dos capítulos desse livro, eu disse que haveria um capítulo específico para trazer alguns exemplos reais, que eu vivenciei em diferentes projetos e com diferentes clientes.

Eu sempre digo que só falo daquilo que já vivi e conheço. E se ainda não conheci, faço questão de experimentar em um novo projeto.

Como vai funcionar esse capítulo? Separei três casos que passei em diferentes projetos, onde trabalhei com o processo criativo, seja diretamente enquanto parte da estruturação do projeto ou como estratégia de criação do serviço.

HISTÓRIA I – POR QUE NÃO?

Vamos começar pelo mais simples, que nada mais é do que trazer uma ideia diferente para um meio já estabelecido, certo?

Bom, estamos em 2023, e, há alguns anos, ouvimos dizer como o modelo de educação está ultrapassado, pois se prende aos mesmos recursos e estratégias de trabalho. Somado a isso, desde os anos 2000 em diante, começou a se falar sobre a velocidade com que as informações se tornavam obsoletas. Com o advento da internet, cada vez mais o acesso a novas informações se tornou mais rápido e o surgimento e a distribuição de novos conteúdos também.

Hoje, todos somos produtores de conteúdos em nossas redes sociais e produzimos informação. Só que essa demanda de novas informações também gera uma demanda pelo consumo desse material.

E é claro que tudo isso impacta diretamente nos cursos de longo prazo, fazendo com que já nasçam com uma defasagem, pois a estrutura do conteúdo é fechada e planejada para os próximos 2 ou 4 anos.

Imagine um MBA de tecnologia ou da área de saúde, por exemplo, que começou em 2019? Olha quanta coisa aconteceu nos anos de 2020, 21 e 22. Foram anos de muitas mudanças. O conteúdo que foi pensado e planejado lá em 2019, com certeza, não atendeu tudo que aconteceu nos anos seguintes.

> O *Master of Business Administration*, mais conhecido pela sigla MBA, é uma pós-graduação com foco em aliar teoria e prática do mercado profissional e atrai pessoas de áreas acadêmicas.
>
> Algumas empresas decidem por desenvolver cursos específicos na sua área de negócio, que são ofertados exclusivamente para seus funcionários.

Com isso, começaram a surgir as ofertas de MBA e pós-graduações por 6 meses ao invés dos tradicionais dois anos, justamente com a justificativa de que em dois anos aquele ensino seria obsoleto.

Pois bem, acontece que, em 2020, eu fechei um contrato para um projeto que envolvia o desenvolvimento de um *MBA in Company* com o tempo total de 18 meses de duração. É claro que, na minha mente, uma das primeiras ideias que surgiram foi: "como não nascer velho?".

Mais do que fazer a entrega de uma estrutura de um MBA para o meu cliente, o meu objetivo sempre é entregar um trabalho de qualidade e, se isso envolve fazer o diferente, então por que não? Aliás, tento sempre prezar para que essa seja uma marca em meus trabalhos.

Durante a fase de criação da estrutura do MBA, resolvi fazer **uso da técnica do *brainstorming*** para trazer boas ideias, seguindo os passos a seguir:

1. Pesquisei bastante sobre o assunto MBA, como é a estrutura, formato etc. Afinal, eu precisava criar conteúdo para o meu cérebro pesquisar.

2. Peguei um papel e um lápis e comecei a escrever os pontos negativos de um curso de longa duração, em relação ao "nascer velho".

3. Comecei a escrever como poderia resolver esses pontos negativos e, com isso, muitas ideias surgiram.

Duas dessas ideias foram focadas na proposta de sair daquela posição confortável, do que já é conhecido. O resultado, de cada uma, foi bem diferente. A **primeira ideia** foi criar uma estrutura de quatro palestras ao longo do curso, onde duas já estavam com temas definidos, justamente por serem mais abertos, e as outras duas seriam definidas pelos alunos, no momento da palestra.

Isso nos daria a possibilidade de trazer um assunto diferente do que eles estavam vendo dentro da sala de aula, extrapolando o escopo do programa, ao abordar algo que estava à margem do conteúdo formal.

A **segunda ideia** trazia a possibilidade dos quatro grandes temas do MBA não serem estanques, ou seja, com início, meio e fim divididos, como se eles não conversassem entre si. A proposta era trazer a lógica de um conceito hiper linkado para a estrutura do curso, fazendo com que os temas conversassem entre si, mesmo que não pertencesse a mesma cadeira de conhecimento.

Infelizmente, essa última estratégia não deu certo e eu te conto o motivo: a aplicação não estava sob minha responsabilidade, mas, além disso, eu não pensei a parte de aplicabilidade dessa ideia. Afinal, como bem já vimos aqui neste livro, de nada adianta uma ideia nova se ela não puder ser executada na prática.

Com isso, ao invés, de organizar as disciplinas de todos os quatro temas ao longo do curso, pensando na conexão entre elas, ou seja, um verdadeiro trabalho de curadoria. O que tivemos foram aulas destrinchadas e separadas ao longo dos 18 meses, onde uma disciplina acabava perdendo a sua construção lógica do raciocínio junto aos alunos. Sendo assim, ao invés de, ter um conteúdo que se entrelaçasse, mostrando sua conexão e estando presente em todo o MBA, tivemos aulas que ficaram fragmentadas, incompletas e, muitas das vezes, separadas por semanas, quebrando o raciocínio da turma e do docente. Além disso, havia uma questão de ordem prática, a logística dos professores, afinal a organização do cronograma dependia da disponibilidade deles.

Ainda bem que essa questão não afetou a qualidade da entrega e o processo como um todo, mas foi assim que aprendi na prática que é preciso planejar também como as ideias podem ser viabilizadas; não basta apenas dizer "tive uma ideia diferente", é preciso ir além. De qualquer forma, ainda foi possível corrigir alguns desses erros na primeira e na segunda turma do MBA.

HISTÓRIA II – CONEXÕES, *INSIGHTS* E IDEIAS

Projeto de pesquisa, diagnóstico e levantamento de soluções que visam atualizar e melhorar a performance da plataforma de aprendizagem, dos conteúdos de treinamento e do formato de busca e tagueamento.

> "Tag" em inglês quer dizer etiqueta. As tags na internet são palavras que servem justamente como uma etiqueta e ajudam na hora de organizar informações, agrupando aquelas que receberam a mesma marcação, facilitando encontrar outras relacionadas.
>
> Fonte: TecMundo

Esse foi um projeto de consultoria que durou mais ou menos quatro meses, em que fui contratada para trabalhar com uma equipe, como consultora em design instrucional, pois, ao final do projeto, seriam apresentados um *ToolKit* (Kit de Ferramentas), a partir do diagnóstico realizado.

Pois bem, após a fase de imersão e pesquisa, em que foram realizadas entrevistas individuais com os diretores, grupo focal com os gestores, aplicação de pesquisa quantitativa com a base de treinandos, análise da base de cursos do portfólio da empresa, aplicação de *Business Intelligence* – BI, chegou a hora de analisar todos esses insumos e fazer um diagnóstico.

Participei de todas as etapas do projeto, mas fazer o diagnóstico, sem sombra de dúvidas, foi a fase mais instigante. Verificar como as informações se combinavam, perceber como a fala de um diretor ia ao encontro dos dados da pesquisa quantitativa foi realmente diferente.

Certo, mas como esse processo de análise aconteceu? Bom, aqui eu resolvi aplicar uma análise criativa, em que os passos aplicados foram:

- Análise Divergente
- *Insights*
- Ideias Convergentes

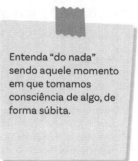

Em primeiro lugar, é importante relembrarmos o conceito que essas etapas representam. Basicamente, há dois tipos de pensamentos: um deles é o **divergente, que** é como se fosse uma porta aberta onde qualquer pensamento (relacionado a um determinado tema) pode entrar. Não há distinções, regras ou limitações, pois, aqui, mais é melhor. Já o **pensamento convergente** traz a ideia de funil, em que tudo aquilo que entrou pela porta agora precisa ser peneirado para encontrar a solução mais apropriada para um determinado problema.

Entenda "do nada" sendo aquele momento em que tomamos consciência de algo, de forma súbita.

Já o *insight*, que é um termo do qual falamos bastante ao longo deste papo, refere-se àquelas ideias que surgem "do nada" sobre alguma situação em que você está inserido.

Como esse processo me ajudou no projeto?

1. Pensamento divergente

Esse foi o momento de analisar todas os dados que foram levantados na primeira etapa do projeto, a imersão e pesquisa. Ao longo do trabalho, já havíamos levantado algumas análises, além disso, havia um *dashboard* produzido pela equipe de BI do projeto.

Antes, o que é BI? Simples! É uma equipe voltada para dados e informações de forma inteligente para quem vai "ler" os gráficos. Essa equipe fez a tabulação dos dados, quantitativos e qualitativos, criou gráficos, nuvens de palavras etc., de maneira inteligente, ressaltando as informações mais importantes e mostrando os cruzamentos de dados mais interessantes.

Em primeiro lugar, para realizar esse processo, **é preciso ter um problema identificado** e **um objetivo definido**. A partir disso, você trabalha para **buscar soluções que possam atender o seu objetivo**.

Nessa fase, é proibido negar qualquer ideia. Não importa o quão fora do contexto possa parecer, apenas se atenha ao objetivo e escreva/fale o máximo que puder, pois isso lhe dá a oportunidade de multiplicar as suas escolhas ao final.

Conforme mencionado, utilizei todas os dados e informações produzidos pelo projeto, abri o software OneNote, um bloco de anotações digital, listei três grandes tópicos, que eram desdobramentos do objetivo, e comecei a escrever.

Essa fase se assemelha muito ao conhecido *brainstorming*, que é muito utilizado dentro de empresas, escolas e, até mesmo, como parte de dinâmicas em processos seletivos.

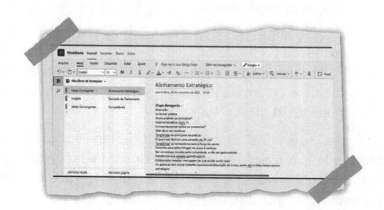

Imagem do meu OneNote

2. *Insights*

Chegamos à etapa dos *Insights*, que talvez possa ser chamada de uma etapa flutuante. Pois os *insights* podem surgir a qualquer momento, não é algo que só aconteça em uma determinada fase. Basta que você tenha muitas informações armazenadas, e o seu cérebro comece a trabalhar até que, de repente: eureca!

Analisando tantas informações ao mesmo tempo e colocando vários pensamentos na escrita, era impossível evitar que o cérebro trouxesse alguns *insights*. A questão é que essas ideias não necessariamente se aplicavam àquela fase do projeto, ou até mesmo àquele projeto ou cliente.

Entretanto, esse não era o momento para parar e analisar, então, criei um *backlog* de ideias, ou seja, um histórico de ideias, em que todo *insight* era anotado, seja funcional ou não para o projeto naquele momento. Além disso, anotar esses *insights* me dava a possibilidade de desobstruir a passagem do fluxo de pensamento.

A partir do momento em que as ideias eram anotadas, o cérebro ficava livre novamente para focar apenas no pensamento divergente. A ação de fazer anotações, registrar algo, ajuda a organizar o pensamento e, consequentemente, torna o processo mais produtivo, pois você se mantém focado em sua tarefa e não perde aquela ideia que surgiu. Logo, quando digo que o processo criativo é organizado e não acontece no caos, acredite.

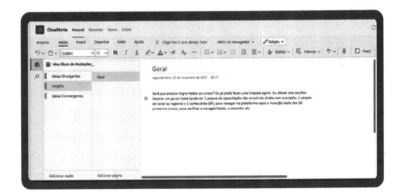

3. Pensamento convergente

Por fim, chegamos ao momento de afunilar as ideias, ou melhor, organizar tudo o que foi escrito e repensar seus resultados, considerando o objetivo. O que eu quero dizer com isso? Muitas dos pensamentos anotados não podem ser aplicados por diversos motivos, como falta de recursos financeiros, de profissionais qualificados, recurso tecnológico, expertise na área, tempo disponível, enfim, há muitas possibilidades mesmo.

Mas você pode estar pensando: então, se não dá para fazer, por que perder tempo anotando essas ideias?

Simples! As boas ideias surgem do encontro de ideias menores. Isto é, para que você possa, de fato, produzir uma ideia excelente, é preciso que você tenha muitas outras ideias antes, para que você tenha a chance de combiná-las, aumentando as possibilidades de encontrar uma solução mais ousada.

Logo, a proposta de trabalho nessa fase foi eliminar algumas opções, analisar as que ficaram, criar um padrão entre elas e sintetizar o que é possível, ou seja, unir algumas partes para criar ideias complexas que sejam coerentes.

Na imagem a seguir, podemos perceber a junção de curiosidade com gamificação, que são elementos que surgiram na fase divergente. Agora unidas, geram um pensamento que converge para uma solução diferenciada.

HISTÓRIA III - [RE]CRIAR

Há alguns anos, compartilho informações, troco ideias e bato um papo pelas minhas redes sociais, e isso me traz, de tempos em tempos, a possibilidade de criar interações diferentes com as pessoas que estão ali e, inclusive, de propor desafios criativos.

Pois bem, em uma dessas possibilidades, comecei a desenvolver uma sequência de desafios. Dentre eles, um trouxe a proposta de criar um mapa mental diferente do que já se conhece. Qual era a ideia por trás disso?

I. Mostrar que qualquer pessoa pode ser criativa, pois é uma habilidade que pode ser desenvolvida.

II. Fazer uma inovação incremental, ou seja, criar pequenas melhorias sobre algo que já existe, com o intuito de torná-lo melhor.

Partindo desse princípio, o desafio foi lançado. Só que o que eu não esperava era que a maior beneficiada dessa brincadeira seria eu. Pois eu fazia todos os desafios e compartilhava as minhas soluções em minha rede social.

Quando fui me debruçar para pensar no mapa mental de forma diferente, resolvi utilizar a técnica das nove janelas ou *Nine Windows*, que é usada na TRIZ – A Teoria da Solução Inventiva de Problemas.

O que é a técnica *Nine Windows*? Ela tem como intuito explorar diferentes soluções para um problema, pensando nele em três momentos diferentes: o passado, presente e o futuro. Junto a isso, soma-se a ideia de analisar a solução como um sistema que se desdobra em outras duas partes: subsistema (ambiente externo) e subsistema (parte de um todo).

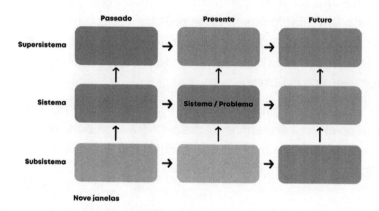

Essa é uma técnica muito utilizada quando se quer desprender de soluções passadas e tentar algo realmente novo. Pois bem, aplicando essa técnica ao desafio, cheguei ao seguinte cenário:

A solução para o meu desafio surgiu do quadrante futuro-macrossistema, em que a ideia é fazer um mapa mental em círculos com objetivos. Neste caso, cada círculo servirá para responder um objetivo, por exemplo: o que é? Qual a metodologia? O que não é? Critérios e outros.

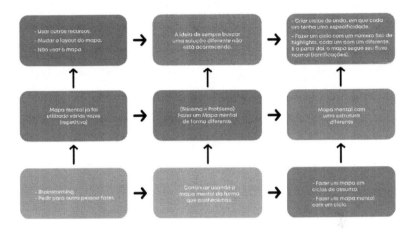

No exemplo abaixo, temos o tema no centro, que é o "problema" a ser explorado. No primeiro círculo, temos o levantamento dos recursos visuais e, no círculo maior, os recursos sonoros. Qual o diferencial desse mapa mental? A possibilidade de focar o trabalho do pensamento divergente em um objetivo por vez, aumentando as possibilidades de encontrar soluções diferentes.

Essa foi uma atividade que me deixou muito contente com o resultado, primeiro porque eu não tinha a menor expectativa de chegar a esse resultado, depois porque é uma ferramenta real que pode ser aplicada e que, inclusive, já apliquei em um projeto de consultoria com um cliente.

Enfim, esses três exemplos, além de serem histórias reais, em que apliquei técnicas e estratégias sobre as quais falo aqui neste livro, também mostra que é possível usá-las em diferentes contextos, podendo-se desenvolver um processo criativo mais elaborado ou não. E, mais do que isso, é um exemplo de como a educação pode se beneficiar dessa fonte que é a inovação, desde que se entenda não só como os processos ocorrem, mas também o quão importante é "beber" dessa fonte.

CAPÍTULO V
E AGORA?

Chegamos ao final do nosso bate-papo, mas essa conversa rendeu boas trocas. Quando falamos no capítulo I sobre o que é inovação, como ela acontece aqui no Brasil, descobrimos que ser criativo não é um dom, e que todos podemos desenvolver essa habilidade. Além disso, ainda fizemos conexões de como algumas habilidades e a cultura são importantes para a presença de um ambiente, de um ecossistema que respire inovação.

Em seguida, no capítulo II, resolvemos direcionar toda essa energia para a nossa área: a educação. Foi uma conversa interessante, em que abordamos como acontece a inovação na prática, dentro do contexto educacional, falamos da importância de ser um "eu" criativo, sobre mundo BANI e *soft skills*, não deixando nunca a nossa linha-guia cair: a inovação.

Mas foi no capítulo III que abrimos a nossa caixa de ferramentas e apresentamos três das principais ferramentas que orientam e fomentam o processo criativo: TRIZ, Design Thinking e SCAMPER, e, mais do que isso, fundamentamos bem essa conversa, falando de convergência e divergência, na forma de pensar.

E, por fim, no capítulo IV, não poderia deixar de falar sobre a vida real, isto é, das coisas que vi e vivi na prática. Dos projetos, das ideias, do que não deu certo e do que deu super certo, dentro de um processo criativo. Mas, depois de tudo isso, a pergunta que fica é: o que você vai fazer com tudo isso? Como colocar tudo isso em prática?

E agora?

5.1   TEORIA + PRÁTICA = APRENDIZAGEM

Aprendeu algo novo ao ler um livro, fazer um curso, ver um filme? Então, coloque na prática. Teste! Não fique preso em uma espiral de apenas consumir mais e mais informações e não ter tempo para praticá-las, pois você estará apenas consumindo conteúdo em vez de aprender.

Não deixe de testar suas hipóteses, não deixe de aplicar suas ideias, não deixe de conversar sobre o que você acha que pode ser diferente e, por fim, teste. Pois somente assim você conseguirá compreender cada vez mais sobre inovação ou qualquer outro assunto.

Esse último capítulo surgiu muito da necessidade de querer que você também aja. Não quero que esse seja apenas mais um livro na sua mão ou na sua estante. Com isso, o primeiro passo a ser tomado está mais ligado a você do que ao uso de ferramentas e/ou tecnologias. É a mudança de *mindset*, que nada mais é do que mudar a forma como você encara a sua vida, transformando a maneira de agir e pensar.

Para que isso aconteça, resolvi unir aqui algumas sugestões que acho importante para que você possa usar como primeiros passos para conseguir colocar as suas ideias em prática também.

Tenha coragem

Não há mal algum em dizer "eu não sei." Reconheça quando isso acontecer, nem que seja apenas para você. E, então, faça algo. Busque respostas sobre o tema e o que pode ser feito.

Mantenha-se em movimento

Não há como chegar a lugar algum se você não der o primeiro passo. E, acredite a criatividade está totalmente ligada a sair da zona de conforto, pois, quando você ultrapassa um limite, significa que você aprendeu algo novo, ou seja, você aumentou o seu arcabouço de conhecimentos, e, agora, você tem mais insumos para gerar ideias. Então, se você quer trabalhar com inovação, desenvolver a criatividade, a primeira coisa que você precisa saber é isso: ficar na zona de conforto não é uma opção.

Respire Inovação

Em inovação, fala-se muito sobre a importância dos ecossistemas de inovação, que, de forma simples, nada mais é que desenvolver espaços em que a inovação esteja presente, ou melhor, que ela faça parte daquele ambiente de forma vital. E quando eu ou você estamos em um local onde as pessoas ao nosso redor preferem "fazer da forma que sempre deu certo" ou acham que "você só está gastando energia", isso pode atrapalhar bastante.

É importante que você crie o seu próprio ecossistema de inovação. Leia sobre o assunto, veja vídeos que discutam sobre o tema, escreva suas ideias, siga pessoas que estejam dentro de um ecossistema de inovação e esteja sempre envolvido nessa temática. Você vai perceber que, em consequência, naturalmente você irá se questionar e buscar pensar em novos formatos de responder a velhos problemas.

Experimente

Estar aberto ao novo é uma ação consciente, em que você decide ser assim. Você escolhe fazer novas rotinas, experimentar pratos, roupas, tecnologias, enfim, é deixar de lado frases como "mas já tentamos isso". Tenha certeza de que agir dessa forma lhe coloca em uma posição em sentido contrária à de muitas pessoas.

Respire fundo

Faça algo de que você goste, pois o corpo e o cérebro precisam oxigenar para que os pensamentos consigam se acomodar. Por isso, respire fundo e dê tempo ao tempo e trabalhe mais nas ideias.

Essas dicas são apenas sugestões que aprendi ao longo desses bons anos e que acredito que seja importante compartilhar, pois a rotina e o dia a dia corridos acabam se tornando grandes inimigos dos bons sonhos e das boas metas. Por isso, sempre que você se ver distante do seu propósito de ser criativo, quero que você faça o *checklist* a seguir:

CHECKLIST DO MINDSET CRIATIVO

☑ **FAÇA ALGO NOVO:**
Não importa se é uma mudança grande ou pequena, apenas faça e saia da sua Zona de Conforto.

☑ **CRIE SEU ECOSSISTEMA:**
Pesquise uma fonte informação que fale sobre inovação e criatividade e consuma um conteúdo por dia.

☑ **DESCARTE A PRIMEIRA IDEIA:**
Escreva em um papel a primeira solução que pensou, amasse o papel e guarde em uma gaveta.

☑ **TESTE:**
Você sabe que a única forma de saber se vai dar certo é testando. Então, coloque em prática, mesmo que seja uma versão protótipo.

☑ **SEJA FLEXÍVEL:**
Se o processo não está fluindo, então respire fundo e faça algo diferente. Mas depois volte.

☑ **CRIE SEU ECOSSISTEMA:**
Não existe criatividade no caos, então organize-se de dentro para fora, escreva suas ideias, mesmo que parecem desconexas. Reescreva e reescreva, até que elas comecem a fazer sentido.

☑ **ATENÇÃO:**
Tenha certeza de que está tratando a causa e não o sintoma. Conheça muito bem o seu problema, antes de tentar buscar soluções.

☑ **INOVAÇÃO É MÉTODO :**
E se você ainda não sabe qual método usar, aplique o pensamento divergente e convergente até chegar aonde você precisa.

Comecei esse livro falando sobre "o que é inovação?" e compartilhando o sentimento de que, na educação, a inovação ainda ocupa um local de subjetividade. Por isso, o principal objetivo dessa conversa foi mostrar para você como a inovação pode acontecer no dia a dia e que você e qualquer pessoa podem ser o ator principal.

REFERÊNCIAS BIBLIOGRÁFICAS

ALTSHULLER G. S.; SHAPIRO, R. B. *About Psychology of Inventiveness*. Problems of Psychology, v. 6, n. 37, 1956.

ANDRADE, C. Troposlab aceleradora, 2022. *10 habilidades para empreender com sucesso*. Disponível em: https://troposlab. com/habilidades-essenciais-para-empreender-com-sucesso/#:~:text=Neste%20caso%2C%20podemos%20definir%20 as,sendo%20fundamentais%20para%20empreender%20eficientemente. Acesso em: 03/09/2022.

BONO, Edward de. *Lateral thinking for management*. 1ª ed. Londres: Penguin, 1990.

BONO, Edward de. *O pensamento criativo*. Petrópolis: Editora Vozes, 1970.

BROWN, T. *Design Thinking*: Uma metodologia poderosa para decretar o fim das velhas ideias. Rio de Janeiro: Campus, 2010.

COLL, César et al. *Psicologia da educação virtual*. 1ª ed. Porto Alegre: Penso, 2010.

FILATRO, Andrea. *Metodologias inov-ativas*. 1ª ed. São Paulo: Saraiva Uni, 2018.

FIlLATRO, Andrea. *DI: 4.0*: Inovação em educação corporativa. 1ª ed. São Paulo: Saraiva Educação, 2019.

HOLLANDA, Aurélio Buarque de. *Dicionário Aurélio da Língua Portuguesa*. 5ª ed. São Paulo: Editora Positivo, 2010.

MORAN, José. *A educação que desejamos: novos desafios e como chegar lá*. 10ª ed. Campinas: Papirus, 2007.

SAVRANSKY, S. D. *Engineering of Creativity*. Boca Raton, Flórida, EUA; CRC Press, p. 394, 2000.

SCHUMPETER, Joseph A. *Capitalismo, socialismo e democracia*. 1ª ed. São Paulo: Editora Unesp, 2017.

SAVRANSKY, S. D. *Engineering of Creativity*. Boca Raton, Flórida, EUA; CRC Press, p. 394, 2000.

VIANNA, M. et al. *Design thinking*: inovação em negócios. Rio de Janeiro: MJV Press, 2012.

ASSIS, Pablo de. *O que é tag?*; Tecmundo. Disponível em https://www.tecmundo.com.br/navegador/2051-o-que-e-tag-.htm. Acesso em 18 de janeiro de 2023.

DOURADO. Bruna. *A Geração Z está pesquisando no TikTok em vez do Google*. Profissionais de Marketing precisam se adaptar. RockContent, 2022. Disponível em: https://rockcontent.com/br/blog/geracao-z-pesquisando-no-tiktok. Acesso em: 10 de agosto de 2022.

José Pacheco e as novas construções da aprendizagem. *Arvore*. Disponível em https://www.arvore.com.br/blog/jose-pacheco-novas-aprendizagens>. Acesso em 21 de junho de 2022.

PORFÍRIO, Francisco. *"Geração Z"*; Brasil Escola. Disponível em: https://brasilescola.uol.com.br/sociologia/geracao-z.htm. Acesso em 17 de março de 2022.